Nos corps étrangers

Carine Joaquim

Nos corps étrangers

la manufacture de livres

Si vous souhaitez recevoir notre catalogue
et être tenu informé de nos publications,
envoyez vos coordonnées en citant ce livre à :

La Manufacture de livres, 101 rue de Sèvres, 75006 Paris
ou
contact@lamanufacturedelivres.com

ISBN 978-2-35887-724-4

PREMIER TRIMESTRE

Parce que sa grand-mère eut la mauvaise idée de mourir à la fin de l'été, Maëva ne fit pas sa rentrée scolaire comme tout le monde. Pendant que les élèves de sa future classe faisaient connaissance avec leurs professeurs et découvraient leur emploi du temps, elle se tenait là, droite et stoïque dans un petit cimetière de province, à regarder le cercueil en bois laqué descendre au fond d'un trou boueux.

Son père se mouchait toutes les deux minutes, en essayant de ne pas trop faire de bruit, car dans ces circonstances, la discrétion était pour lui indispensable au maintien d'une certaine dignité. Élisabeth, sa mère, fixait un point mystérieux droit devant elle, le visage blanc et les yeux absents.

Le ciel vaporisait sur eux une brume de gouttelettes si fines qu'elles en étaient presque invisibles. De temps en temps, une vieille dame de l'assemblée, sans doute une voisine de la morte, retirait ses lunettes pour essuyer, dans un bruyant soupir, l'eau qui s'était accumulée sur ses verres, comme autant de larmes factices. Puis, avec des gestes lents, elle repositionnait soigneusement la monture sur son nez.

Le trajet du retour se fit dans le silence. Stéphane conduisait sans vraiment prêter attention à la route et, si Élisabeth ne l'avait pas si bien connu, elle aurait pu penser que cet air sérieux était un signe de concentration. Mais elle le savait : son mari s'était retranché au fond de ses souvenirs d'enfance.

Sur la banquette arrière, écouteurs vissés sur les oreilles, Maëva regardait distraitement par la fenêtre, plus attristée par le fait de rentrer dans une nouvelle maison, loin de l'agitation parisienne dans laquelle elle avait grandi, que par la journée de deuil qu'elle venait de vivre. Elle ne pardonnait pas à ses parents d'avoir quitté la capitale malgré ses protestations, ni de lui avoir imposé cet exil en lointaine banlieue et, tout en contenant sa rage, elle maudissait intérieurement les abrutis de son nouveau village ainsi que les élèves de son collège de péquenots, qu'elle serait condamnée à fréquenter dès le lendemain.

Ils avaient pris cette décision un peu précipitamment. Personne, dans la famille, n'avait vraiment envisagé la vie ailleurs qu'à Paris.

Ils habitaient jusque-là une petite maison, étroite et tout en hauteur, sur trois étages, nichée au fond d'une cour pavée. Depuis la rue, on ne voyait rien qu'un immeuble en pierre de taille, à l'apparence solide mais assez banale. Le hall était aussi ordinaire, des boîtes à lettres un peu usées sur la gauche, un escalier à droite et au bout, à côté du local à poubelles, une porte vitrée menait chez eux.

Aux beaux jours, la porte d'entrée n'était jamais fermée, la courette s'improvisait terrasse et, le soir venu, seules les protestations des voisins bougons ou fatigués les forçaient à renoncer à l'éclat des étoiles, à ce carré de ciel délimité par le haut des immeubles comme une lucarne ouverte sur l'infini.

Maëva avait grandi là. Elle gravissait les escaliers avant même de savoir marcher, rampait sur les genoux et les avant-bras, redescendait les étages à reculons. Elle avait fait ses premiers pas dans la cour. Élisabeth s'en souvenait bien, ils avaient sorti la petite table de jardin ronde au métal vert un peu rouillé, et les deux chaises qu'ils avaient repeintes en jaune l'été précédent. Stéphane était rentré tôt ce jour-là, un client avait annulé un rendez-vous au dernier moment, et ils avaient pris le goûter dehors, dans un bel élan familial. Élisabeth avait subitement décidé de faire des crêpes, provoquant le couinement d'une Maëva impatiente. Stéphane souriait, la petite sur ses genoux. C'est dans l'improvisation, sans doute, que se cache le bonheur, dans ces moments infimes où la joie s'invite, d'autant plus précieuse que personne ne l'attendait.

Quelques minutes plus tard, le visage encore plein de sucre, l'enfant glissa lentement au sol, posa ses mains sur les larges pavés, puis se redressa, vacilla un instant, perdit de son assurance avant de trouver de nouveau son équilibre et, déterminée, mit un pied devant l'autre. Ivre de ce nouveau pouvoir, elle renouvela l'expérience et prit de la vitesse malgré elle. Deux pas. Trois pas. Quatre, cinq, six.

Stéphane s'élança derrière elle au moment précis où Élisabeth réapparaissait sur le pas de la porte. Celle-ci poussa un cri bref mais strident, son bébé était debout, il marchait, courait même, c'était incroyable. Au moment où elle tendit les bras en direction de sa fille pour l'inciter à la rejoindre, l'enfant trébucha et s'étala de tout son long. Relevée par les deux parents à la fois fiers et inquiets, la petite se mit à pleurer à gros bouillons, les paumes écorchées et la lèvre en sang.

Les anniversaires. De nombreux enfants invités, année après année, dont les cris avaient résonné dans tout l'immeuble, donnant à la cour des airs d'école à l'heure de la récréation.

Et les amis qui s'éternisaient après le dîner, qui fumaient là une dernière cigarette avant de prendre congé, en s'émerveillant, dans ce petit recoin de verdure dissimulé aux regards, d'avoir l'impression de se trouver loin de Paris. C'était ce qu'Élisabeth aimait par-dessus tout : une fois poussée la porte vitrée, elle basculait dans un monde préservé, le monde de l'intime, protégé de l'environnement extérieur.

Au rez-de-chaussée, la grande pièce faisait à la fois office de cuisine, salon, pièce à vivre. Manteaux et chaussures s'accumulaient à l'entrée dans un joyeux bazar. Juste à côté, un piano droit occupait un mur entier. Stéphane en avait vaguement joué, enfant, et pour une raison encore mystérieuse, il avait tenu à le garder. Élisabeth ne s'y était pas opposée, mais elle trouvait étrange cette insistance, car il ne l'utilisait jamais. « Ce sera pour Maëva », disait-il parfois. Mais Maëva avait grandi et avait préféré s'essayer mollement à la guitare, avant de renoncer à la musique. Exception faite, bien sûr, des chansons idiotes qu'elle fredonnait sous la douche. Quand ils avaient déménagé, ils s'étaient finalement séparés du vieux piano inutile.

À l'étage, dans un espace qui ressemblait davantage à un palier qu'à une chambre, se trouvait le lit parental. Au deuxième, il y avait une salle de bains, avec une grande baignoire où l'on tenait aisément à deux. À trois, même, quand Maëva était bébé. Ils trempaient alors dans la même eau savonneuse où flottaient canards et bateaux en plastique. Si la petite était endormie, en sécurité dans son lit, il arrivait qu'Élisabeth et Stéphane s'y prélassent avec d'autres intentions, et les ondulations qui se formaient alors à la surface n'avaient plus rien des timides remous provoqués par les jeux de l'enfant.

Le troisième et dernier étage était le royaume de Maëva, aux étagères remplies de livres, peluches et jouets en tous genres, renouvelés à mesure que se succédaient anniversaires et fêtes de fin d'année. Plus tard, l'univers enfantin avait laissé place à des accessoires de mode, sacs à main, maquillage et même une paire de chaussures à talons exposée comme un trophée au milieu d'une bibliothèque où il ne restait plus que quelques livres.

Quand il avait fallu partir, Maëva avait refusé de faire les cartons. Élisabeth avait dû se résoudre à trier et emballer elle-même les affaires de sa fille, sous les pleurs et les menaces de suicide.

« Je ne vous le pardonnerai jamais ! », avait-elle hurlé au moment de quitter définitivement la maison.

Le regard d'Élisabeth s'était attardé une dernière fois sur les pavés où son bébé s'était éveillé au monde. Elle avait discrètement essuyé une larme, sans vraiment savoir ce qui, entre la douceur du souvenir et le déchirement du départ, l'avait fait couler.

– Alors ? fit Élisabeth depuis le canapé où elle lisait.

Maëva claqua la porte derrière elle, retira ses chaussures avec brusquerie, les fit valser avant de les abandonner au milieu de l'entrée et, tout en jetant sa veste en direction du portemanteau, lâcha en défiant sa mère du regard :

– Alors, c'est un collège de merde.

Élisabeth ravala toutes les paroles rassurantes qu'elle s'apprêtait à dire. Tout va bien se passer, c'est juste le temps que tu t'habitues, tu vas te faire de nouveaux amis. Les mots demeurèrent prisonniers de la boule qui grossissait dans sa gorge et, avec elle, s'installait aussi la nausée.

– C'est bon, je peux monter ? s'enquit Maëva avec impatience.

Elle attendit à peine l'assentiment de sa mère pour grimper dans sa chambre. Restée seule, Élisabeth soupira bruyamment, en essayant de se persuader que les humeurs de sa fille étaient temporaires. Bientôt cela irait mieux, l'adolescence était une période si ingrate. Elle peina cependant à se concentrer sur son livre.

Assise en tailleur sur le lit, ses manuels scolaires étalés devant elle, Maëva fixait un point invisible sur le mur blanc. De longues minutes durant, elle s'efforça de ne penser à rien, et surtout pas à la journée écoulée. Elle était demeurée pratiquement muette du début à la fin des cours, se contentant d'observer, assistant lors des récréations aux retrouvailles d'amis séparés dans des classes différentes, qui comparaient leurs profs et échangeaient des anecdotes sur les années passées.

Pendant ce temps, le cœur de Maëva était resté à Paris, dans son ancien établissement scolaire. Que faisaient ses camarades ? Leur manquait-elle ?

Sitôt la grille franchie, à la fin de cette première journée, elle avait envoyé un texto à Lucie, son amie d'enfance qui poursuivait désormais seule le chemin qu'elles avaient entrepris à deux depuis l'école maternelle, mais elle n'avait reçu aucun message en retour. Lucie passait pourtant son temps rivée à son portable, jadis elle lui aurait répondu dans la seconde. C'était décevant, mais Maëva s'interdit de se sentir abandonnée. Sinon, ce serait encore plus dur.

*

Même s'il s'était promis de prendre son mal en patience, Stéphane trépignait dans le wagon du RER. Cela faisait vingt minutes que le train s'était arrêté au milieu de nulle part, le condamnant à supporter un peu plus longtemps l'odeur de transpiration âcre qu'exhalait sa voisine de siège. L'autre prenait ses aises. Elle avait commencé par agiter vigoureusement un éventail et, en même temps que le mouvement faisait circuler l'air, il diffusait les effluves nauséabonds. Maintenant, elle écartait ses grosses cuisses, dont Stéphane sentait la désagréable proximité.

Il pensa à sa mère, qui reposait désormais dans un trou dont elle ne ressortirait plus, mais il chassa rapidement cette image. À la place, il regarda les passagers du train, avec leurs mines agacées ou fatiguées qui lui arrachèrent un triste sourire. C'était bien utile de s'emmerder autant dans la vie, pour ce qu'elle vaut, et pour la manière dont elle est vouée à se terminer… Il jeta un bref coup d'œil à sa montre : cela faisait cinquante minutes qu'il avait quitté son bureau, et il n'était pas près de rentrer.

Les premiers jours après avoir emménagé dans la nouvelle maison, il avait pris sa voiture, profitant de la fluidité du trafic estival, mais depuis la dernière semaine d'août, c'était devenu impossible. Même en partant à l'aube, il arrivait au travail bien trop tard, et ses supérieurs s'étaient déjà fendus de remarques qui, sous couvert de plaisanterie, étaient en réalité de fermes avertissements. Stéphane avait donc opté pour les transports en commun en se répétant, à chaque fois que l'envie de soupirer le prenait, que des dizaines de milliers – de millions ? – de personnes s'accommodaient de ce quotidien-là. Il aurait tôt fait de s'y habituer, lui aussi.

Sa voisine se repositionna confortablement sur son siège, manquant de l'éjecter d'un coup de fesse. Elle continuait de s'éventer, et Stéphane, qui transpirait maintenant à grosses gouttes, fit taire son odorat pour savourer le souffle de vent qui lui parvenait. Il riposta tout de même en repoussant, par la contraction de ses jambes, celles de la grosse et regagna ainsi les centimètres d'assise que l'autre lui avait volés.

Une annonce informa les passagers qu'un incident grave impliquant un voyageur allait immobiliser le train pour encore un moment. On les priait de patienter. Stéphane se dit le plus sérieusement du monde qu'après quelques mois à ce rythme infernal, il pourrait envisager, lui aussi, de se jeter sous un train. Il comprit ce qu'il allait devenir : un banlieusard ordinaire, un peu plus aigri chaque matin, un peu plus dépressif chaque soir. Son avenir ne ressemblait en rien à la vie idyllique qu'il avait dépeinte à sa femme et à sa fille lorsqu'il avait évoqué, pour la première fois, la possibilité de déménager. Car c'était son idée à lui, la réparation qu'il proposait à Élisabeth pour effacer les fautes commises et repartir sur de nouvelles bases : une belle et grande maison, entourée d'un terrain verdoyant, avec une dépendance au fond du jardin qui servirait d'atelier à Élisabeth, le tout pour un prix très raisonnable. Elle s'était laissé séduire, ou elle avait fait semblant, mais ils avaient voulu y croire l'un et l'autre. C'était lui, maintenant, qui se disait, alors que la cuisse de l'inconnue collait de plus en plus à la sienne, qu'il s'était bien planté. La panique le gagna.

Une sonnerie aiguë se fit entendre, et le train redémarra. Stéphane cala sa respiration sur les cahots du wagon, yeux fermés, et il se laissa porter, comme tant d'autres, jusqu'à la gare la plus proche de chez lui.

Élisabeth rangeait le contenu de quelques cartons lorsqu'il ouvrit la porte d'entrée. Il buta sur les chaussures en vrac abandonnées quelques heures plus tôt par Maëva, les repoussa du pied avant de retirer les siennes. Il accrocha sa veste au portemanteau et s'approcha d'elle. Indifférente, elle le salua machinalement et ne cacha pas sa surprise lorsqu'il lui saisit le bras pour la retenir, avant de lui fourrer sa langue dans la bouche. Il força facilement la barrière des lèvres, puis les dents se desserrèrent. Quand leurs deux langues se touchèrent, Élisabeth eut l'impression d'avaler une limace visqueuse. Elle se dégagea de l'étreinte de son mari, esquissa un sourire de façade en disant « je monte » et abandonna là le carton à demi vidé. À l'étage, comme prise d'une urgence, elle se précipita vers les toilettes, si vite qu'elle courait presque en atteignant la porte. Elle eut à peine le temps de la refermer avant de tomber à genoux devant la cuvette pour vomir, à gros jets, tout ce qui lui restait sur l'estomac.

Septembre était déjà bien entamé, et plus de deux semaines après la rentrée, Maëva continuait à se rendre au collège à reculons. Elle mettait beaucoup de mauvaise volonté dans toutes les actions quotidiennes. Elle refusait les contacts avec les autres élèves. Dans ses moments de lucidité, elle sentait que son obstination était ridicule, mais elle n'en démordait pas. Élèves bouseux, collège de merde.

Comme pour lui donner raison, une épouvantable odeur d'excréments envahissait tout le hall de l'établissement, et même les enseignants affichaient une grimace de dégoût lorsqu'ils le traversaient pour atteindre la salle des profs. Les toilettes, apparemment. Des travaux étaient prévus, disait-on, mais personne ne savait quand ils auraient lieu.

Maëva avait désormais un avis sur la plupart des élèves de sa classe. La majorité semblait sans intérêt. Parmi ceux qui se distinguaient, il y avait un groupe de quatre filles inséparables qui gloussaient sans cesse, pour des motifs connus d'elles seules. On avait beau les placer stratégiquement aux tables les plus éloignées les unes des autres, elles continuaient à pouffer et à se tordre de rire en se jetant des œillades complices.

Maëva les méprisa dès le premier jour et, quand elles tentèrent une approche en venant lui parler, elle s'empressa de les éconduire sèchement.

Kevin et Mathias, quant à eux, s'évertuaient à faire sortir les professeurs de leurs gonds, et se livraient à une compétition pour savoir lequel se montrerait le plus insupportable. Rares étaient les cours auxquels ils assistaient sans se faire virer. Des pauvres types, se disait Maëva. Caïds de pacotille, losers des champs.

Deux autres adolescents avaient attiré son attention. Le premier était Ritchie. En réalité il s'appelait Richard, mais en début d'année il reprenait systématiquement les professeurs qui ne le connaissaient pas encore, et rapidement tout le monde oublia son prénom véritable. Ritchie était un grand Noir, aux muscles si prononcés et aux épaules si larges que, la première fois qu'elle l'avait vu, Maëva l'avait pris pour un surveillant. Ce fut au moment où il était entré dans la classe et s'était assis au milieu des élèves qu'elle avait compris, estomaquée, qu'il était l'un des leurs. Même certains profs semblaient intimidés par sa carrure imposante et la barbe drue qui pointait sur son menton. Puis ils s'habituaient.

Ritchie était un élève plaisantin, charmeur, souriant en toutes circonstances, si bien que beaucoup d'enseignants oubliaient de se fâcher lorsqu'il prenait la parole sans lever la main. Les surveillantes lui passaient tout ou presque et, si d'aventure l'une d'elles rechignait à lui délivrer le mot d'excuse validé par le tampon officiel du CPE, son sourire enjôleur avait vite fait de vaincre les réticences.

Pour Maëva, Ritchie était un mystère. Avait-il redoublé ? Si oui, combien de fois ? Elle finit par poser la question à l'une des élèves de la classe, qui semblait le connaître et celle-ci lui répondit que non, même pas, Ritchie avait quinze ans à peine, ce qui n'avait rien de choquant en troisième.

Le deuxième garçon était Maxence, et Maëva l'avait repéré pour des raisons bien différentes. Dès le premier cours de français, alors que Mme Roussel présentait, dans un interminable monologue, le programme et ses exigences pour l'année scolaire, des petits cris vinrent se mêler aux explications.

« Vous aurez besoin d'un classeur… »

Aaaaaah !

« Cette année, vous devrez acheter plusieurs livres, sans doute quatre ou cinq. Je vous indiquerai les titres trois semaines à l'avance… »

Aaaaaah… Oh !

« Il vous sera possible d'apporter un manuel pour deux… »

Mêêêêêê…

« Prenez vos agendas… »

Mêêêê… Mêêêêr… MERDE !

Mme Roussel, qui avait pourtant affiché jusque-là une indifférence totale aux bruitages produits par Maxence, se tut brusquement, décontenancée. Tous les regards se tournèrent vers le coupable qui baissa les yeux mais continua, comme malgré lui, à lâcher des onomatopées en dodelinant de la tête. Dans le silence gênant qui suivit, on n'entendit plus que ses « hum », ses « aaaah », ses « mêêê » auxquels semblaient répondre les rires des quatre écervelées. Soudain, Maxence brandit la main très haut au-dessus de sa tête, ses fesses se soulevèrent de la chaise comme tirées par l'élan du bras dressé et, au moment où tout le monde s'attendait à le voir se lever complètement, il ferma le poing et l'abattit de toutes ses forces sur la table, qui trembla sous la violence du coup.

Les rires s'interrompirent et, quelques secondes durant, l'écho de l'impact résonna dans la petite salle de classe.

C'est un fou, se dit Maëva, catastrophée à l'idée d'être tombée dans une espèce d'asile, ce qui était autrement plus grave que d'être simplement scolarisée chez les bouseux.

*

Pendant que sa fille était en cours, Élisabeth investissait la dépendance au fond du jardin. C'était une maisonnette qui, convenablement aménagée, pourrait facilement être louée à un étudiant – mais qui viendrait s'enterrer là, loin de toute université ou grande école ?

Dès le départ, il fut entendu qu'elle deviendrait l'atelier d'Élisabeth qui essayait, depuis quelques mois, de se remettre à la peinture. Elle était douée, plus jeune, et pensait se lancer dans une carrière artistique, mais ses parents, sceptiques, l'avaient convaincue de s'inscrire dans une filière plus sûre. C'est ainsi qu'elle avait suivi des cours de commerce, avait ensuite enchaîné les stages, trouvé un poste dans une entreprise d'import-export, avant de reconsidérer l'ensemble de sa vie, personnelle et professionnelle, et de décréter que tout, absolument tout sauf Maëva, était un échec cuisant. Stéphane s'était démené pour rallumer chez elle l'étincelle créatrice, sans comprendre qu'une flamme éteinte a bien du mal à retrouver sa vigueur sans le formidable combustible que lui fournissait, jadis, la jeunesse.

Élisabeth s'était pourtant laissé convaincre. Peindre, à nouveau, dans un espace consacré à sa passion, voilà qui semblait tentant. Qu'avait-elle d'autre à faire ? Sa boîte, si peu compétitive face à des géants internationaux, menaçait de faire faillite, et elle avait trouvé plus sage de négocier un départ volontaire, avec de belles indemnités, plutôt que d'attendre un licenciement que l'avenir rendait inévitable.

Stéphane l'avait amenée ici, pour la première fois, à la fin de l'hiver. Elle avait observé l'environnement très industriel, le long de la voie rapide, incapable de se projeter, puis ils avaient pris la sortie et tout était devenu plus vert : des petits hameaux, de jolis sentiers, des maisons de village et de vieilles églises partout, et même des champs, de vraies parcelles cultivées avec des tracteurs qui les sillonnaient, incroyable ! Elle avait souri, ici c'était la province à moins de quarante kilomètres de Paris, la promesse d'une vie calme dans une maison gigantesque, avec deux étages si on comptait les combles, trois si on ajoutait l'immense sous-sol aménageable, et un magnifique jardin rempli d'arbres, dont un cerisier du Japon, ainsi que des hortensias qui fleuriraient bientôt.

Puis ils avaient visité la dépendance, dont les deux espaces distincts étaient séparés par une mince cloison. Elle était équipée d'un point d'eau où elle pourrait laver son matériel. Quarante mètres carrés qui lui seraient exclusivement dédiés. Stéphane guettait ses réactions, à la fois anxieux et certain d'avoir fait mouche, et c'est avec soulagement qu'il l'avait entendue lui dire oui, installons-nous là, c'est ici que nous allons vivre.

Comme pour confirmer la promesse d'une vie nouvelle, forcément meilleure, ils avaient fait l'amour ce soir-là, pour la première fois depuis des mois. Stéphane s'était montré doux, attentionné et inquiet, mû par la peur de rompre un charme fragile. Il s'était ensuite endormi, confiant.

Maintenant, il était temps d'en faire quelque chose. Élisabeth tourna sur elle-même pour contempler les murs nus. Elle fit mentalement la liste de tout ce qu'elle prévoyait d'acheter : des tréteaux, deux larges planches, des étagères ou des meubles pour ranger le matériel et des chevalets, juste deux pour commencer, un sur pied et le second qu'elle pourrait poser sur l'un des bureaux. Elle avait déjà quelques réserves de peinture et pinceaux, qu'il faudrait de toute façon compléter. Les murs mériteraient un petit rafraîchissement, mais ce n'était pas urgent, elle pourrait s'en occuper plus tard.

Soudain envahie par une grande fatigue, Élisabeth regagna la maison, un sourire accroché aux lèvres, des rêves de bonheur simple plein la tête et elle s'allongea sur le canapé avec un livre. Elle eut à peine le temps de parcourir quelques lignes que ses yeux se fermèrent. Ce fut Maëva qui la réveilla en rentrant du collège trois heures plus tard.

Stéphane ne rentrait jamais avant vingt heures. Naturellement, ce fut Élisabeth qui se rendit à la réunion organisée par le collège de Maëva, au cours de la deuxième quinzaine de septembre. À Paris, c'était déjà elle qui se chargeait des corvées liées à la scolarité de leur fille. Ici comme ailleurs, les choses se déroulaient selon un même schéma : accueil par le professeur principal, défilé de tous les enseignants, un par un, qui venaient se présenter et donner quelques informations sur leur matière. À mourir d'ennui. Elle avait envie d'aller aux toilettes avant même le début de la réunion. Autant dire que ce serait plus pénible encore qu'à l'ordinaire.

Le professeur principal était le prof de maths, un homme plutôt sympathique. Élisabeth l'écoutait d'une oreille distraite tout en griffonnant sur le cahier où elle faisait mine de prendre des notes. Commença alors la ronde des enseignants. Chacun avait sa particularité : volubile en français, taciturne en sciences physiques, sinistre en histoire.

En anglais, non seulement l'enseignante débordait d'énergie, mais elle annonça une nouvelle qui suscita l'enthousiasme de l'assemblée : elle allait organiser un voyage en Angleterre pour la classe, début mars si tout allait bien. Bien sûr, elle ferait passer toutes les informations précises en temps voulu, mais elle souhaitait savoir d'ores et déjà le nombre d'élèves susceptibles de partir. Presque tous les parents présents levèrent la main, un large sourire sur le visage, comme s'il était nécessaire de séduire la prof pour réserver la place de leur enfant, et Élisabeth fit de même, le sourire en moins.

Vint ensuite le tour de Vincent Loubiet, enseignant chargé de l'ULIS, une unité localisée pour l'inclusion scolaire qui existait dans certains établissements. Il expliqua, pour ceux qui l'ignoraient, que cette section permettait d'accueillir des enfants souffrant de handicap dans la même classe que les autres élèves. Dans le collège de Maëva, l'unité était spécialisée dans les troubles envahissants du développement. Un élève de la classe était concerné. On avait présenté à tous les adolescents, le jour de la rentrée, la spécificité de cet élève-là, et tout devrait bien se passer. Ils attendaient encore la nomination d'une AESH et pour le moment, il fallait le reconnaître, la gestion de ce cas particulier rendait les cours quelque peu imprévisibles. Cela irait mieux quand le poste serait pourvu.

Élisabeth se pencha vers son voisin et lui demanda dans un chuchotement :

– C'est quoi, un AESH ?

L'homme planta sur elle un regard dur qui la surprit. L'effraya, presque. Elle eut un mouvement de recul. Puis, sans la quitter des yeux, il esquissa un sourire froid, dénué de gaieté comme de sincérité, avant de lui répondre :

– C'est quelqu'un qui accompagne les élèves en situation de handicap. Il assiste aux cours avec l'élève handicapé, prend en note les leçons quand c'est nécessaire et essaie de le calmer le cas échéant. C'est une aide précieuse, et même indispensable. Ça me fout en rogne qu'il faille toujours pleurnicher pour que l'école publique assume ses obligations. Mais c'est affreusement mal payé, et pas très étonnant que ça ne se bouscule pas au portillon.

Un *chut* agacé se fit entendre depuis la rangée devant eux. L'homme leva la tête en fronçant les sourcils, manifestement prêt à en découdre, mais le rappel à l'ordre ne se renouvela pas. Élisabeth et lui se remirent à écouter M. Loubiet, qui répondait maintenant aux questions d'autres parents. Une femme, les yeux auréolés de cernes profonds, prit la parole. Son débit était si rapide et sec que chaque mot faisait l'effet d'un projectile mortifère envoyé sur l'assemblée.

– Vous êtes sûr qu'il n'est pas dangereux, cet enfant ? Ma fille m'a raconté qu'il lui faisait peur. Il crie. Il insulte, même ! Parfois il cogne sur les murs ou les objets. Et apparemment, les profs le laissent faire sans rien dire.

M. Loubiet l'écoutait d'un air concentré en hochant la tête, compréhensif.

– Ne vous inquiétez pas, madame, cet élève n'est ni dangereux ni agressif. Ce que vous décrivez n'est autre que les manifestations de sa maladie. Il est atteint du syndrome de Gilles de La Tourette, et il se peut, en effet, qu'il fasse des mouvements brusques, qu'il émette des sons plus ou moins forts, et même qu'il insulte, c'est vrai. Mais il ne le fait pas exprès et il est certainement le premier à en souffrir.

La dame gardait sa mine renfrognée et secouait légèrement la tête, dubitative.

– Ouais, eh ben le jour où il blessera quelqu'un, il ne faudra pas s'étonner.

Les autres parents ne disaient rien, soucieux de rester neutres dans cette affaire. On n'accable pas un enfant handicapé, c'est dégueulasse, mais tout de même, était-ce bien raisonnable de le scolariser avec les autres ? La manière dont certains opinaient silencieusement trahissait leur position.

Soudain, dans un grand bruit, l'homme avec lequel Élisabeth venait d'échanger quelques mots se leva. La chaise sur laquelle il était assis fut brutalement projetée en arrière et manqua de tomber au sol. Il demeura un instant debout, immobile mais tremblant. Tous les regards se tournèrent dans sa direction. Les poings serrés, il semblait sur le point de laisser éclater sa colère, mais petit à petit sa respiration se fit plus régulière et, lorsqu'il prit la parole, ce fut pour s'exprimer avec un calme relatif.

– Maxence n'est pas dangereux. C'est un adolescent comme les autres. Un enfant comme les vôtres. Rien ne s'oppose à sa scolarisation, sauf l'intolérance. Celle de vos enfants, mais aussi celle des parents qui n'arrivent pas à donner l'exemple.

Il accompagna ses derniers mots d'un regard appuyé sur tous les parents présents, en insistant sur la femme à l'air fatigué qui venait d'exprimer ses réserves. Celle-ci baissa les yeux dans le plus grand silence. Ainsi donc, comprit Élisabeth, cet homme était le père de l'enfant handicapé. Pourquoi Maëva n'avait-elle pas parlé de lui lorsque Stéphane et elle lui avaient demandé comment se déroulaient ses journées au collège ?

Son cœur se serra au souvenir de la belle complicité de jadis, du temps où Maëva, petite, se précipitait dans les bras ou sur les genoux de sa mère, se blottissait contre elle, le nez dans son cou, reniflant sa peau et respirant ses cheveux comme si leur odeur était essentielle à sa survie. Et maintenant, elle devenait une étrangère, distante, hostile presque.

Je l'ai perdue. J'ai perdu ma fille, se dit Élisabeth tandis que l'homme se tenait encore debout près d'elle, frémissant d'indignation.

Elle sentit une nausée l'envahir et, pour la tenir à distance, elle ferma les yeux un instant tout en s'efforçant de respirer profondément. Quelques secondes durant, les sons ne lui parvinrent plus que de manière atténuée. Quand elle rouvrit les paupières, un nouveau professeur avait pris la parole et son voisin furieux avait quitté la salle. L'envie de vomir, en revanche, était toujours là.

Lorsque Élisabeth ouvrit les yeux, il faisait jour depuis plusieurs heures. La maison était d'un calme absolu : même le pépiement des oiseaux ne parvenait pas jusqu'à elle. Oppressée par le silence, elle se redressa sur son lit, en proie à un sentiment de panique difficilement explicable. Elle se leva, prépara du café et posa une main au niveau de son estomac. Malgré une amélioration récente, elle souffrait de nouveau de brûlures et de haut-le-cœur. Et dire qu'elle avait accepté de déménager parce qu'elle s'était persuadée que la solution à tous ses maux était là, dans l'éloignement et le renouveau.

C'est quand Stéphane l'avait trompée, des années auparavant, qu'Élisabeth avait développé des troubles alimentaires. Depuis, elle s'était habituée à l'envie de vomir quasi permanente.

À aucun moment elle n'avait imaginé qu'il puisse lui en préférer une autre, ce qui expliquait certainement pourquoi elle avait tant tardé à se rendre compte que quelque chose n'allait pas.

Au début, elle n'avait pas remarqué les sautes d'humeur de Stéphane, son air rêveur, perpétuellement absent, ou alors elle avait trouvé des raisons d'éluder le problème et s'interdire d'y penser sérieusement. Il était fatigué par le travail, stressé comme tout le monde, cela irait mieux avec les vacances qui approchaient… Et puis les congés arrivaient, et avec eux le départ à la mer, mais le rythme paisible qui s'installait alors ne rendait pas Stéphane à sa famille. Élisabeth avait constaté la fébrilité avec laquelle il scrutait l'écran de son téléphone et son irritabilité, source de disputes idiotes. Au lieu de la détente espérée, elle sentait chaque jour les crispations s'intensifier. Le retour à la routine quotidienne lui avait jeté à la figure de nouveaux indices, les fins de journée au bureau qui s'éternisaient, les réunions tardives de plus en plus fréquentes et cette odeur qu'il portait parfois sur lui, faite d'effluves diffus, qui la figeait sur place lorsqu'elle la percevait, une odeur fugace mais forte, sexuelle, comme si Stéphane était, malgré son sourire forcé et ses airs faussement naturels, poursuivi par une aura olfactive qui trahissait son infidélité.

Elle en avait eu le cœur net en fouillant son téléphone. Pas tout de suite. Stéphane ne conservait aucun texto. Les deux seules discussions stockées étaient celles qu'ils avaient ensemble, faites de messages pratiques, ennuyeux, ne pas oublier la répétition du spectacle de Maëva, acheter du pain, du lait, des œufs ; la deuxième était la conversation avec sa mère, avec qui il communiquait beaucoup jusqu'à sa mort. Pourtant, elle savait qu'il avait des échanges avec des amis, des collègues, mais pour une raison qui lui échappait, il effaçait tout de manière méthodique et méticuleuse. Son téléphone ne donnait de lui qu'une image lisse de fils attentionné et de mari parfait.

Un jour, malgré toutes ces précautions, elle l'avait vu arriver avant lui, le message de l'autre femme. Juste un *pop-up* clignotant sur l'écran d'accueil, un prénom et le début de ce qui ressemblait à un mot d'amour : « Tu me manques ». Stéphane n'avait pas nié longtemps. Peut-être pressé d'arracher le rideau et de dévoiler l'envers du décor, il avait craché tout ce qui expliquait le malaise ressenti le week-end, les jours fériés, pendant les vacances, durant toutes ces journées loin du travail et de la maîtresse avec laquelle il partageait des moments dissimulés dans un emploi du temps professionnel chargé. Oui, il avait quelqu'un d'autre. Il avait refusé de dire de qui il s'agissait, au début, avant de céder devant le harcèlement tenace d'Élisabeth. Elle méritait de savoir. Elle saurait. Stéphane avait fini en sanglots, recroquevillé sur le canapé du salon, au rez-de-chaussée de leur maison parisienne, jurant qu'il n'avait pas fait exprès, qu'entre eux cela n'allait plus, qu'il avait rencontré Carla par hasard. Ils s'étaient plu sans le vouloir, avaient flirté sans envisager de suivre jusqu'au bout leur désir – elle aussi était mariée –, tout ça pour finir par baiser furieusement. Et puis soudain, il fut convaincu qu'elle était la femme de sa vie.

La femme de sa vie.

Quelques mots à peine qui balayaient tout, leurs années ensemble, leur famille, qui la réduisaient, elle, à une silhouette indistincte avalée par une pénombre rampante. Carla, affublée de cet incroyable qualificatif, *la femme de sa vie*, confisquait d'un coup toute la lumière.

Élisabeth n'avait rien décidé. Ni de chasser Stéphane, ni de partir elle-même. Elle se concentrait pour tenir le cap malgré tout, emmener Maëva à l'école, la récupérer à la garderie en fin d'après-midi. Elle arrivait au travail lessivée par les larmes, rentrait chez elle essorée de chagrin. Une fois Maëva couchée, c'était l'heure des reproches, des cris, des lamentations et des menaces. Stéphane oscillait entre excuses et récriminations, capable de jurer son repentir le matin et d'affirmer sa volonté de divorcer le soir venu. Élisabeth s'en trouvait déstabilisée : fallait-il, en effet, mettre fin à un mariage naufragé ou au contraire attendre le retour du mari égaré qui, forcément, allait finir par comprendre que sa place était auprès de sa famille ?

Ces préoccupations constantes détournèrent Élisabeth de ses propres besoins. Elle fut rapidement incapable de dormir, oublia de manger. Les crampes de son estomac vide lui rappelaient alors qu'elle était bien vivante et, d'une certaine manière, la rassuraient. Bientôt, faire un vrai repas devint insupportable. Repue, elle se sentait mieux physiquement, mais ce bien-être du corps contrastait avec sa détresse psychologique, il la mettait face à toutes les contradictions, à toutes les supercheries et elle s'empressait d'aller vomir cette nourriture qui la torturait indirectement. Pour aller mieux, Élisabeth avait besoin de se sentir *vide*. Elle s'allégea donc pour se débarrasser du poids des maux. Délestée de trois, quatre kilos, puis six puis dix, elle se trouva plus affûtée, plus clairvoyante et finit par mettre dehors un Stéphane toujours indécis. Il s'en alla donc pleurnicher ailleurs et se consoler, sans doute aussi, dans les bras de sa Carla. Seule avec Maëva dans la maison aux trois étages, elle avait continué d'assurer les tâches quotidiennes. Elle en gardait quelques bribes de souvenirs englués dans un univers ouaté. Elle se revoyait penchée au-dessus de Maëva pour lui lire une histoire, se rappelait sa propre voix voilée de tristesse, capable d'imiter le bruit des pas de l'ogre, et des rires de la petite qui résonnaient comme de loin. Mais de toute cette période, ce qui restait vraiment, c'était cet estomac vide, tous les soirs, dont l'acidité paraissait en mesure de tout détruire, même la douleur.

Élisabeth glissait petit à petit dans des vêtements trop amples, rapetissait, s'effaçait du monde avec le plus d'élégance possible.

Stéphane prit peur. Il revint un matin de printemps, tel un oiseau migrateur de retour au bercail après des semaines dans des contrées à l'hiver plus clément. Malgré quelques réticences, Élisabeth lui ouvrit la porte de leur foyer et s'empressa de l'enfermer dans une geôle de culpabilité. De son côté, Stéphane n'eut de cesse de faire oublier son incartade et obtenir son pardon, sans jamais vraiment y parvenir.

Maëva était loin d'être une élève modèle, et elle n'avait rien contre un peu d'animation en classe. Pourtant, le mois de septembre touchait à peine à sa fin que déjà, elle ne supportait plus les bruits, tressautements, hoquets et gesticulations de Maxence.

Ce qui la perturbait, c'était que les profs le laissent faire dans une totale impunité. D'accord, on leur avait expliqué. Maxence était malade, rien de ce qu'il faisait n'était volontaire et tout le monde devait tenir compte de cette particularité dans un esprit de tolérance et d'intégration. Mouais. Maëva était malgré tout certaine que Maxence en rajoutait. Se succédaient des cris, des « hum » et des « ah » et des « oh » et même des insultes ravalées in extremis, des « put… » et des « sal… », avec les « hop » qui suivaient, mal contenus, des bras agités, des grimaces torturées, des majeurs tendus vers le tableau comme des appels désespérés, puis la tête se baissait, le regard soudain éteint, quand inévitablement les rires finissaient par fuser. Le professeur les faisait taire, et puis ça recommençait au cours suivant.

En espagnol, alors que Maxence venait d'émettre une plainte gutturale, proche du hurlement, Maëva soupira.

J'en peux plus de ce débile, lâcha-t-elle, exaspérée, à voix basse.

Ritchie, assis juste devant, se tourna vers elle, tout sourire.

– T'imagines ce que ça doit être, quand il se branle ? lui demanda-t-il en se penchant vers elle.

Maëva pouffa bruyamment, ce qui lui valut une remarque agacée de la part de l'enseignante, qui s'en prit ensuite à Ritchie. Celui-ci s'excusa, puis, lorsque le cours reprit, il se retourna une dernière fois vers Maëva pour la gratifier d'un clin d'œil appuyé. Elle sourit également alors qu'il ne la regardait déjà plus, et passa le reste du temps à admirer distraitement les larges épaules de son camarade de classe, bercée par la voix de l'enseignante dont elle ne discernait presque pas les mots, entrecoupés des glapissements réguliers de Maxence.

De retour chez elle, elle monta dans sa chambre, sortit le contenu de son sac, l'étala sur le lit et attrapa son cahier de maths. Cinq exercices à faire, puis un peu d'anglais, et elle pourrait vaquer à d'autres occupations.

Elle avait la maison pour elle, ce qui était plutôt rare depuis le déménagement. Elle envoya un texto à deux de ses amies parisiennes, resta un moment devant l'écran dans l'attente d'une réponse, mais le temps des échanges soutenus était révolu. L'attachement s'était dilué dans l'éloignement. Dépitée, Maëva jeta son téléphone sur le lit avant d'ouvrir son livre de maths. Un exercice plus tard, elle vérifia encore ses messages. Toujours rien. Décidément. Suffit-il de quelques semaines pour que les liens se rompent ? Que faisaient ses amies en ce moment même ? À qui envoyaient-elles leurs textos, avec qui commentaient-elles les événements de la journée ?

Maëva se sentit soudain très seule. De nouveau, cette maison, son jardin, la minuscule commune où on l'avait exilée lui semblèrent détestables.

La porte d'entrée claqua. À cette heure, cela ne pouvait être que sa mère. Elle feignit de se concentrer sur ses devoirs et entendit bien vite le pas familier monter les escaliers.

Après le dernier exercice de maths, elle s'attaqua au français, mais elle manquait cruellement d'inspiration pour écrire la rédaction à rendre la semaine suivante. Tant pis, elle la reprendrait plus tard.

Une brève sonnerie lui indiqua qu'elle avait reçu un texto. Fébrile, elle saisit son téléphone mais au lieu de la réponse attendue, elle découvrit un message de Ritchie. Elle demeura là, à fixer l'écran, surprise. Ils avaient échangé leurs numéros, mais ce n'était, la plupart du temps, rien d'autre qu'une formalité au moment de la rencontre. Maëva sourit à l'écran, exactement comme si Ritchie avait pu la voir, et elle s'empressa de lui répondre. Sitôt le message envoyé, un nouveau arrivait. Prise dans la conversation, le cœur enflé d'excitation, elle entendit à peine sa mère geindre dans le couloir. Elle sursauta néanmoins en entendant la porte des toilettes claquer et leva enfin les yeux du téléphone. Puis retentit le bruit guttural qui accompagnait les vomissements, le râle entre deux spasmes et la chasse d'eau.

Et merde, se dit-elle.

Ça ne finirait donc jamais.

Élisabeth n'en avait aucune idée, bien sûr, mais toute petite déjà, Maëva savait que sa mère vomissait quotidiennement. Tout avait changé pour elle en si peu de temps, son père était parti, Élisabeth s'était muée en une espèce de zombie et, même si ça n'avait pas été le cas, Maëva s'était sentie totalement abandonnée. Le soir, elle peinait à trouver le sommeil. Elle demeurait de longues heures couchée dans l'obscurité, attentive aux plus petits mouvements.

On lui avait expliqué que papa et maman n'étaient plus sûrs d'être amoureux, qu'ils l'aimeraient toujours en revanche, elle avait dit « d'accord » et puis elle avait continué à se lever le matin, à aller à l'école, à prendre un bain après avoir joué dans la cour. Simplement elle ne s'endormait plus une fois la lumière éteinte. Dans la nuit, elle l'entendait cracher, haleter, tirer la chasse. Un soir, inquiète, Maëva s'était levée. Elle se souvenait encore du contact de ses pieds nus sur le tapis posé près de son lit, un beau tapis molletonné avec une princesse dessus, et elle s'était avancée jusqu'à la porte entrebâillée. Puis elle était descendue sans bruit dans la pâle lueur qui éclairait les escaliers pour découvrir sa mère, à genoux devant la cuvette des toilettes, en train de s'essuyer la bouche en reprenant son souffle. L'une et l'autre s'étaient regardées, interdites.

– Ça va, maman ?

– Oui, ma chérie, avait répondu Élisabeth avec un peu d'hésitation. Ce n'est rien. Va te recoucher.

Maëva avait obéi, mais elle ne s'était jamais défaite de cette image : sa mère échevelée, les yeux enfoncés, rendue malade par l'absence du père et qui, chaque soir, avec une régularité presque curative, vomissait la trahison.

*

Quand Stéphane rentra, le dîner était prêt. Rien d'extraordinaire, une quiche lorraine, une salade, quelques rondelles de saucisson en entrée. Élisabeth picorait à peine, l'air ailleurs.

– Tu ne manges pas ? s'étonna Stéphane.

– Je suis un peu barbouillée ces derniers temps, répondit Élisabeth en débarrassant les assiettes.

Le père et la fille la fixèrent en silence tandis qu'elle s'éloignait, l'un suspicieux, l'autre accusatrice. Elle revint avec la corbeille de fruits, esquissa un sourire qui se voulait réconfortant et s'efforça de manger une banane. Peut-être pour détourner l'attention de la question de la nourriture, elle raconta ses achats du jour, les chevalets, les toiles, la peinture. Un cahier de croquis, aussi. Elle avait débarrassé l'atelier de ses toiles d'araignée, ne manquaient plus que deux ou trois bricoles et elle pourrait s'y mettre.

Elle disait tout cela d'un ton faussement enjoué qui ne trompait personne. Stéphane hochait la tête avec une satisfaction tout aussi factice, et Maëva retint son envie de hurler.

Ce cirque n'était pas nouveau. Après le retour de Stéphane à la maison, quelques années auparavant, ils s'étaient accordés tacitement sur le rôle dévolu à chacun, et tous l'avaient joué à la perfection. Le gentil mari repenti. L'épouse digne. La jolie petite fille bien coiffée qui racontait ses journées d'école en se persuadant que ça intéressait vraiment quelqu'un. Et en coulisses, ça dégueulait dans la nuit, ça pleurait sous la couette, ça fuyait de tous les côtés. Rien n'avait plus jamais été étanche.

– On pourrait aller faire les boutiques, toutes les deux ? proposa Élisabeth à sa fille en terminant sa banane.

Maëva avait perdu le fil de la conversation et sursauta presque en comprenant que sa mère s'adressait à elle. Elle trouva aussitôt une excuse pour refuser, mercredi elle devait rejoindre des amies pour travailler sur son exposé d'histoire. Sur la Première Guerre mondiale, précisa-t-elle lorsque Stéphane le lui demanda.

– Tu t'es fait des amis, alors ? voulut-il savoir.

– Ouais, ça va, fit Maëva en pensant à Ritchie.

Les premiers temps, Élisabeth se contenta de barbouiller les toiles de couleurs sombres. Du noir, du gris, du vert foncé, du bleu nuit, du marron épais et gras comme la terre du jardin. Elle ignorait ce qu'elle voulait représenter au juste, persuadée qu'une fois qu'elle aurait les pinceaux en main, une grâce créatrice s'emparerait d'elle. Mais après avoir appliqué sur la toile blanche l'un de ces fonds sinistres, elle restait à le fixer, se demandant ce qu'elle pourrait bien dessiner dessus. Alors elle prenait un nouveau support immaculé et recommençait. Et la pièce se remplissait de cette obscurité opaque dont Élisabeth ne se défaisait pas.

Stéphane n'entrait jamais dans l'atelier du fond du jardin. C'était un refuge qui lui appartenait totalement, mais elle avait beau regarder en elle-même elle ne parvenait à en sortir que ces croûtes noirâtres qui criaient l'absence de joie.

Début octobre, Stéphane avait pleuré en se disant : « Cela fait un mois que maman est morte ». Puis il avait laissé le temps les emporter, sa mère vers un passé qui n'aurait de cesse de s'éloigner, lui dans le tourbillon d'une routine abrutissante, garer la voiture sur le parking, monter dans le RER, supporter la présence des gens, leurs humeurs, leurs odeurs, les trajets interminables qu'ils partageaient mais qui, loin de les unir dans une infortune commune, nourrissait une hostilité qu'ils érigeaient comme des boucliers les uns contre les autres.

Ces derniers temps, il s'était mis à repenser à Carla, le matin d'abord quand ses yeux se posaient sur la route avec une prudence machinale, ou dans le train lorsque les secousses du wagon lui rappelaient la vigueur de leurs ébats, les coups de reins, les gémissements et les cris, qui se confondaient soudain avec le hurlement du métal sur les voies.

Au moment de renoncer à Carla, Stéphane s'était persuadé de la futilité du plaisir charnel qui, en le berçant dans l'illusion de l'amour, le détournait d'une vie familiale, ébranlait un édifice dans lequel vivait une petite fille innocente, une petite fille confiante, et une épouse que sa famille menacée avait suffi à briser. Alors il avait durci son cœur, ramolli son sexe, muselé la protestation qui s'était élevée en lui, mais ce cratère, malgré les tentatives pour le combler, malgré les projets, la maison, le jardin et les années qui auraient dû le recouvrir comme disparaît une ancienne blessure, ce cratère-là, invisible et profond, continuait de prendre toute la place et faisait de Stéphane une enveloppe creuse mue par la résignation.

Ce qu'il gardait de Carla, c'était d'abord son sourire, une esquisse à peine, qui lui aurait donné l'air timide, si on n'avait retrouvé quelque chose de ce sourire, en plus étincelant, dans l'éclat de ses yeux sombres. Et ce qu'il y voyait alors, c'était comme un fragment de lui-même qui, à chaque fois, sans aucune exception, le saisissait à la gorge et le laissait en proie à une émotion brute, qui tenait de la tristesse autant que de la joie, et il lui souriait en retour, les yeux un peu humides, avant que cet étrange sentiment se transforme en un désir éruptif, presque douloureux, comme si la première des nécessités, pour eux, était de faire l'amour ensemble, immédiatement.

Quand il ne la voyait pas, il riait de ces émois d'adolescents. Comme ils étaient idiots avec leur connivence, avec leurs évidences, parfois aussi avec leurs réticences, qui laissaient la raison les rattraper et les éloignaient un temps l'un de l'autre. Il suffisait pourtant d'un regard pour qu'ils replongent dans un tumulte de sexe et de vie qui ressemblait furieusement au bonheur. Vint un temps où Élisabeth fut réduite à une ombre mouvante dans un coin de sa vie, et sa voix à un simple bruit ronronnant dans la routine.

Mais Élisabeth était sa femme, et Maëva avait tissé entre eux un lien insécable. Ce fut cette chaîne-là, ainsi que le poids des responsabilités qu'elle traînait, qui lui firent retrouver le chemin de son foyer.

Il avait ensuite assisté à l'effondrement de Carla, tandis que le naufrage d'Élisabeth se poursuivait malgré son retour. Les voir souffrir toutes les deux à ce point, à cause de lui, lui fit même envisager plusieurs fois le suicide. S'il était capable de répandre autant de malheur, disparaître serait bénéfique pour tout le monde. Mais il se reprenait toujours à temps.

Les quelques fois où ils s'étaient croisés après la fin de leur relation, le cœur de Stéphane avait continué de bondir à la vue de Carla, mais il défaillait désormais de désespoir et non plus d'euphorie. Carla avait beau se montrer enjouée, son regard avait cessé de sourire, et s'ils étaient encore saisis de vertige l'un face à l'autre, ce n'était plus que la valse des regrets qui les emportait, davantage que celle des soupirs exaltés.

Carla avait fini par déménager, laissant derrière elle la vision confuse de cet avenir à deux si souvent rêvé et qui, forcément, devait exister dans quelque univers parallèle.

C'était quand même mieux ainsi.

Ils venaient tout juste de monter en classe, quand Maëva sentit son téléphone vibrer dans la poche arrière de son pantalon. La prof faisait l'appel assez distraitement. Autour d'elle, les élèves terminaient leurs conversations tout en sortant cahiers et manuels. Maëva fit mine de se gratter la cuisse. La prof ne lui prêta aucune attention.

En théorie, les téléphones devaient être éteints dans l'enceinte du collège, mais la plupart des élèves se contentaient d'activer le mode silencieux et consultaient en douce SMS et réseaux sociaux, planqués dans les toilettes ou entre deux cours. Généralement, Maëva évitait de se faire remarquer. Mais depuis quelque temps, elle ne cessait d'échanger des messages avec Ritchie et elle était presque certaine que c'était lui qui venait de lui écrire. Elle le chercha des yeux. Il était assis près de la fenêtre au store cassé, le regard dans le vague, et semblait s'ennuyer ferme. Maëva observa son tee-shirt moulant et elle se sentit rougir. Comme s'il l'avait deviné, Ritchie se tourna vers elle et répondit à son air interrogateur par un clin d'œil, avant de se retourner promptement pour adopter une attitude studieuse. Lorsque l'enseignante passa devant lui, il la gratifia d'un large sourire, afin de parfaire son image de garçon sérieux. Maëva ne le voyait maintenant que de profil. N'y tenant plus, elle effleura son téléphone. La prof avait commencé le cours, elle s'exprimait avec conviction et la classe était suspendue à ses paroles.

« Ah ! » cria Maxence entre deux explications. D'un geste bref, Maëva s'empara de son portable et le glissa sous la table, le souffle court. Elle leva les yeux vers le tableau : personne ne faisait attention à elle. Elle retint une nouvelle fois sa respiration et alluma l'écran sous le bureau.

« Oh ! Hum ! Ouh ! » poursuivait Maxence tandis que l'enseignante demeurait imperturbable.

Surprise par la forte luminosité qui émana soudainement de l'appareil, Maëva tressaillit, persuadée de se faire prendre. Sa voisine lui jeta une œillade sévère. Sans en tenir compte, elle appuya sur l'icône qui l'avertissait d'un nouveau message et lut : *Ce soir, 17 h, rdv au parc de la tour*. Rien d'autre.

Ritchie se tourna une nouvelle fois vers elle, attendant un acquiescement. Le cœur de Maëva s'emballa pour de bon. Ils se sourirent bêtement entre deux onomatopées de Maxence, elle rangea son téléphone aussi discrètement que possible et se mit à rêvasser.

Ils se retrouvèrent à la grille. Le parc de la Tour se situait à quelques minutes à pied de leur établissement, et ils s'y rendirent ensemble. Maëva marchait en regardant droit devant elle, rattrapée par une timidité inattendue et embarrassante.

Ritchie était immense. Il la dépassait de trente bons centimètres. Depuis qu'ils avaient quitté le collège, il ne cessait de parler d'une voix claire et enjouée, et elle essayait de placer, de temps à autre, un mot qui lui montrait son intérêt et l'encourageait à poursuivre.

La tour était en réalité un vieux donjon dont le château avait disparu depuis des siècles. Elle se dressait sur le point le plus haut de la ville et, bien qu'elle contemple les environs depuis mille ans, les habitants, eux, ne la voyaient presque plus. Pour la mettre en valeur, la commune l'avait ouverte aux visites et avait aménagé un parc autour, où les parents emmenaient les enfants après l'école, où les mariés se faisaient photographier, et où les amoureux s'embrassaient discrètement à l'écart, là où la végétation plus épaisse les soustrayait au regard des curieux.

– Viens, on va là-bas, proposa Ritchie en attrapant la main de Maëva.

Elle le suivit sans rien dire.

Ils s'assirent sur l'herbe. Il avait plu ce matin-là et Maëva sentit l'humidité traverser son jean. Ritchie ne sembla pas s'en formaliser. Ils discutèrent de tout et de rien. La jeune fille se détendit progressivement et une heure durant, ce ne furent que joyeuses tirades entrecoupées de rires, et rien ne comptait plus, ni les pantalons trempés, ni la nuit qui tombait.

Tandis que la lumière du jour déclinait, une bourrasque fit frissonner Maëva. Ritchie profita de l'occasion pour l'entourer de ses bras solides. Comme il s'y attendait, elle s'abandonna contre lui, étonnée de se sentir autant en sécurité alors que tout, dans ce contact, lui était inconnu. Il la berça quelques minutes et ils oscillèrent ensemble d'avant en arrière comme si le vent, en s'intensifiant, avait suffisamment gagné en puissance pour ébranler leur équilibre.

Les mères de famille s'éloignaient d'un pas pressé en remontant la fermeture Éclair des manteaux des petits, et le gardien arpentait les allées pour s'assurer de faire sortir tout le monde avant la fermeture des grilles. Il s'avança vers Ritchie et Maëva, décidé à les chasser gentiment, avant de s'arrêter pour les regarder s'embrasser, en songeant avec nostalgie au temps de ses premières amours.

*

– J'étais morte d'inquiétude ! hurla Élisabeth. Je t'ai appelée des dizaines de fois ! Tu ne peux pas rentrer à une heure pareille, sans prévenir avant, enfin ! Je n'aurais rien dit si tu m'avais téléphoné en sortant du collège, mais là… ! Que voulais-tu que je pense, hein ? Je te voyais déjà enlevée, violée, morte ! Ne refais plus jamais ça ! Plus jamais, tu m'entends ?

Élisabeth était hors d'elle. Maëva lui tenait tête en silence, le regard plein de défi. Ce soir, rien ne pouvait l'atteindre. Pendant qu'Élisabeth criait et sifflait et rougissait de colère, elle repensait à la douceur des lèvres de Ritchie, à la chaleur de son corps et à son odeur. Elle n'avait qu'une hâte : se réfugier dans sa chambre pour lui écrire et se repasser mentalement, entre deux SMS, les moments de l'après-midi.

Mais Élisabeth avait du mal à retrouver son calme. Malheureusement pour Maëva, elle trouva du renfort auprès de Stéphane, qui rentra du travail alors qu'elle hurlait encore sur sa fille. Il comprit assez vite le sujet du conflit et demanda :

– Où étais-tu ?

Maëva éclata brusquement en sanglots et se mit à hoqueter sans répondre. Une lueur d'inquiétude assombrit le regard des deux parents. Le ton adouci, ils voulurent savoir. Avait-elle des soucis ? Peut-être au collège ? Quelqu'un l'embêtait ?

À chaque question, elle secouait la tête en ravalant ses larmes et finit par dire, au prix d'un grand effort :

– Je suis juste allée me balader après les cours avec des potes, on est allés au parc de la Tour, c'est tout.

– Mais tu aurais pu appeler ! Prévenir ! C'est tout ce qu'on te demande et c'est bien la moindre des choses ! explosa Stéphane.

Et ce fut reparti pour un tour, les cris, les reproches, les larmes. Quand Maëva eut enfin l'autorisation de monter dans sa chambre, ce fut sans son téléphone, confisqué pour deux jours, et jusqu'à la fin de la semaine elle devrait rentrer immédiatement après les cours. Quelle poisse. En plus, sa mère n'avait rien d'autre à faire de sa vie en ce moment, à glander toute la journée à la maison, et Maëva ne voyait aucun moyen de contourner l'interdiction.

Elle s'endormit cette nuit-là avec des sentiments partagés, persuadée d'avoir trouvé l'amour, peut-être même l'homme de sa vie, sait-on jamais, et à la fois pleine de rage à l'encontre de ses parents qui la surprotégeaient et la traitaient comme une enfant de cinq ans.

– C'est de son âge, dit Stéphane à Élisabeth après le dîner.

– Oui, je sais. Elle préviendra la prochaine fois. Mais on ne peut pas laisser passer.

– Oui, elle préviendra, mais seulement quand elle aura de nouveau le droit de sortir.

Il y eut un silence. C'était le moment que choisissait généralement Stéphane pour s'éclipser le soir. Il attendait poliment la fin de la conversation puis, lorsque celle-ci semblait se tarir d'elle-même, il prenait discrètement congé et se réfugiait deux heures durant dans son bureau, le temps d'un film. Élisabeth et lui n'avaient pas les mêmes goûts. Il y avait de cela des années, il lui proposait encore de se joindre à lui, mais devant ses refus systématiques, l'habitude d'être séparés le soir s'était installée, sournoise. Mais cette fois, il ne quitta pas la pièce.

– Elle est peut-être amoureuse, lâcha finalement Élisabeth.

– Tu crois ?

Ils discutèrent de cette éventualité. Élisabeth avait remarqué que Maëva pianotait frénétiquement sur son téléphone à toute heure du jour, sans même lever les yeux de son écran. Elle l'avait vue sourire à l'appareil en lisant un message, le regarder avec tristesse et désœuvrement lorsque celui-ci restait muet. Elle passait un temps fou à choisir sa tenue pour aller au collège, à essayer des coiffures et était capable, au moindre doute, de tout changer cinq minutes à peine avant de partir, comme si c'était la chose la plus importante du monde. Et surtout, elle avait cessé de répéter que tous les habitants du quartier étaient des bouseux. D'une manière ou d'une autre, elle avait trouvé un intérêt à vivre ici.

– Nous aussi, on a eu quinze ans, lâcha-t-elle avec un sourire un peu las.

Stéphane s'approcha d'elle, lui entoura les épaules et l'attira à lui. Elle se laissa faire, posa une main sur la taille de son mari. Enlacés sur le canapé, ils ressemblaient à ces couples unis malgré des années de vie commune.

– Elle grandit, constata Stéphane à son tour.

Élisabeth acquiesça d'un signe de tête qu'il ne vit pas.

Ils restèrent ensemble, ce soir-là, et firent même l'amour une fois couchés. Elle ne se leva pas non plus pour vomir.

Élisabeth avait toujours aimé l'automne.

À Paris, elle adorait flâner dans les jardins. Le Luxembourg, surtout, Montsouris parfois et les Buttes-Chaumont quand l'occasion se présentait.

La saison lui faisait l'effet d'un grand nettoyage salutaire, une espèce de retour aux choses sérieuses après la douce insouciance de l'été. Le vent arrachait, la pluie lavait, évacuait, et l'impression de saleté que laissaient les feuilles mortes accumulées était un mal nécessaire avant que l'hiver fige le décor jusqu'au printemps.

Cette année, le ravissement avait été total. Loin de la ville bétonnée, il lui semblait voir respirer la nature, s'assoupir le sol gorgé d'eau, soupirer les arbres à mesure qu'ils dévoilaient leurs branches tordues.

Chaque matin, après le départ de Maëva au collège, elle traversait le jardin. S'émerveillait de la fraîcheur sur ses chevilles léchées par les brins d'herbe ruisselants de rosée. Elle laissait à l'entrée de la dépendance ses horribles sabots en plastique, avec leur boue amassée sous les semelles crantées, et s'installait. Les toiles noircies à la fin de l'été prirent de la couleur, se parèrent de jaune, de touches orange, de marron subtil et sous les doigts d'Élisabeth naissaient des forêts entières, à la fois sombres et lumineuses, inquiétantes et féeriques.

Il lui arrivait d'avoir encore des nausées, le matin surtout face à l'élan d'un nouveau jour et au vertige du temps qui passe, mais peindre apaisait ses angoisses et elle se félicitait de cette vie qui sentait le bois humide et le vernis posé sur ses toiles une fois finies. Elle mangeait davantage. Elle semblait même avoir pris un peu de poids, après avoir failli crever à force d'être transparente.

Une de ses amies parisiennes, venue lui rendre visite un jeudi midi, lui fit la remarque : elle était belle, radieuse, vraiment épanouie, et Élisabeth en convenait, oui, elle était heureuse. Elles se quittèrent avec les effusions de celles qui ignorent quand elles se reverront, et Élisabeth la regarda rentrer vers cet autre monde qui lui semblait si loin, à trente kilomètres de là.

Maintenant qu'elle était bien installée, Élisabeth entreprit d'explorer les environs par des promenades quotidiennes. Elle s'en allait à pied, le matin de préférence, marchait d'un pas vif vers les chemins de terre qui coupaient à travers champs, derrière le lotissement, traversait ensuite la grande route où tout le monde roulait trop vite puis s'enfonçait dans les entrailles rurales du département. Ici, un charmant clocher surplombait une église vieille de mille ans. L'espace s'était organisé autour d'elle depuis toujours, et d'innombrables générations avaient pu observer, comme Élisabeth aujourd'hui, son imposant portail ainsi que les immenses pierres que les hommes avaient hissées à la seule force de leurs bras. La première fois qu'elle passa devant, elle s'assit sur un banc un peu à l'écart pour en faire une esquisse, qu'elle réutiliserait à l'occasion dans l'un de ses tableaux.

Plus loin, quelques chevaux vaquaient librement dans un pré clos. Ils n'étaient pas là tous les jours, cela dépendait de l'heure, de la météo et sans doute du planning des activités du centre équestre auquel ils appartenaient. Elle les dessina également, s'efforçant de restituer fidèlement leur fière encolure, les muscles nerveux, l'incroyable brillance de leur robe.

En avançant encore, Élisabeth longeait plusieurs étangs, au milieu de vastes espaces boisés striés de chemins. Elle y croisait souvent des coureurs, des cyclistes, des promeneurs comme elle, des maîtres et leur chien, ainsi que des canards. Il y en avait de toutes les couleurs. Elle ne se lassait pas de les observer fendre les eaux de plus en plus froides. De temps à autre, quelques cygnes les rejoignaient, et elle se perdait dans la contemplation de leur élégance immaculée.

Elle aimait les sentiers tapissés de feuilles rouges, la sensation de la boue sous ses pieds, et s'étonnait presque, maintenant, d'avoir passé si longtemps déconnectée de la nature, elle si résolument urbaine, si profondément parisienne, alors qu'elle n'avait quitté la capitale que depuis quelques semaines.

De retour chez elle, elle filait à l'atelier. Il prenait vie petit à petit, d'abord elle avait ajouté un joli canapé sur lequel d'épais coussins incitaient à s'asseoir. Quelques-unes de ses toiles rompaient la monotonie des murs. Elle prenait soin de changer régulièrement le bouquet de la table basse pour toujours avoir des fleurs fraîches à portée d'yeux.

Le temps s'était refroidi, et le chauffage d'appoint qu'elle utilisait peinait à remplir son usage. Pouvait-on raccorder la dépendance à l'immense chaudière située au sous-sol de la maison ? Il faudrait en parler à Stéphane, mais le soir venu elle oubliait.

*

Lorsque arrivèrent les vacances scolaires de la Toussaint, l'existence de la famille était parfaitement organisée : Stéphane s'était habitué aux interminables trajets jusqu'à son travail, Maëva semblait enfin se plaire au collège, même si elle parlait peu de ses nouveaux amis, et Élisabeth se félicitait chaque jour de pouvoir enfin consacrer du temps à la peinture. La question de sa future recherche d'emploi n'avait pas été abordée depuis qu'ils habitaient là, mais il était évident pour tout le monde que cette nouvelle routine allait perdurer. Stéphane y songeait parfois, consultait les comptes en banque et se rassurait. L'équilibre financier était maintenu pour le moment, il serait toujours temps de reconsidérer la situation dans quelques mois si les choses venaient à changer.

Durant les congés, Maëva partit plusieurs jours à Paris, chez ses anciennes amies. Elle revint enchantée de les avoir revues, malgré le constat non avoué que leurs chemins avaient divergé. Déjà, elles avaient senti combien leurs mondes étaient désormais différents, et si Maëva parvenait encore à suivre le récit de ses deux camarades, qui mettaient en scène des lieux et des protagonistes qu'elle connaissait par cœur, elle se rendait compte que la réciproque n'était pas vraie. Ce qu'elle racontait, elle, ne bénéficiait que d'une écoute superficielle, distraite, et il arrivait que l'une des deux la coupe pour les entraîner sur un autre sujet, dans lequel Maëva et ses aventures d'exilée n'avaient clairement pas leur place.

La deuxième semaine, ce fut Lucie qui se rendit chez Maëva. Elle s'extasia sur la grande maison, la belle clôture en bois, le jardin, les champs derrière, exactement comme chez ses grands-parents à la campagne, tout ça si près de la ville, c'était fou. Mais il se mit à pleuvoir dès le lendemain, et bientôt la jeune citadine commença à tourner en rond sans savoir que faire, elle qui avait l'habitude d'aller n'importe où quelle que soit l'heure, d'avoir une station de métro toujours proche pour aller faire les boutiques, se rendre au cinéma, n'importe où loin des vitres embuées où ruisselait la pluie, et à travers lesquelles on ne voyait que des arbres décharnés et tristes.

Au bout de deux jours, Lucie trouva une excuse pour s'en aller. Sa mère vint la chercher un soir en bredouillant, complice, qu'une obscure contrainte familiale l'obligeait à récupérer l'adolescente plus tôt que prévu.

Quand Maëva, dépitée, raconta cet épisode à Ritchie, en qualifiant son amie de mille adjectifs désobligeants, le garçon s'amusa de son ton vindicatif, avant de la couvrir de baisers. Finalement, ce départ fortuit leur laissait plus de temps pour se peloter tranquillement. Maëva, encore renfrognée, protesta mollement – peloter ? Comment ça, peloter ? – en le frappant à la poitrine mais il fit vite taire ses protestations en l'embrassant. Et elle le laissa faire, bien sûr.

Ritchie n'avait pas tort. Ils se pelotaient bel et bien, et de plus en plus souvent. Quand il jugeait le moment opportun, le garçon passait sa large main sous le pull de Maëva, réchauffait sa paume au creux des reins de la jeune fille, remontait le long de son dos agité de frissons. Puis il redescendait vers ses fesses, tâtait l'endroit où elles prenaient naissance, faufilait parfois ses doigts sous la couture du jean avant d'effleurer enfin le bord de sa culotte, tout en intensifiant son baiser pour couvrir toute protestation.

Maeva savait qu'elle allait l'arrêter, mais elle faisait durer, à chaque fois un peu plus, le temps que les mains de Ritchie trouvent un carré de peau encore inexploré, et puis elle lui disait stop. Jusqu'à la prochaine fois. Centimètre après centimètre, Ritchie conquérait ce monde vierge qui, il en était sûr, lui était entièrement promis.

Novembre apporta quelques averses supplémentaires et une nette baisse des températures.

Élisabeth profita de la reprise des cours pour recommencer ses promenades, toujours plus longues.

Elle s'était assise en face du petit étang, le premier qu'elle atteignait après douze minutes de marche et venait de poser son bloc et son crayon le temps de réchauffer ses doigts gourds lorsque son téléphone sonna. Elle le regarda quelques instants, presque incrédule, tant elle avait perdu l'habitude de communiquer à travers cet appareil, qui pourtant ne cessait de la solliciter du temps où sa vie professionnelle occupait ses journées. Elle continuait à observer l'objet, que les vibrations agitaient de soubresauts impatients sur le banc, avant de se souvenir qu'il fallait s'en saisir et, peut-être, décrocher. La voix lui était inconnue.

C'était le collège de Maëva. La conseillère d'éducation lui demandait si elle était disponible pour un entretien. « C'est urgent », précisa-t-elle.

Élisabeth avait absolument tout son temps. De toute façon, le cygne qu'elle avait commencé à dessiner venait de s'envoler.

Retenant un soupir, et après avoir été rassurée sur le fait que sa fille allait bien, elle annonça qu'elle pourrait passer dans l'après-midi.

C'était la première fois que l'établissement de Maëva la contactait. Elle avait toujours été une élève agréable, sans histoires. Que se passait-il donc ? Il était inutile de nourrir d'irrationnelles inquiétudes, mais, de retour chez elle, Élisabeth demeura incapable de se concentrer sur une tâche, même simple. Elle allait d'une pièce à l'autre, du sous-sol à l'étage et du salon à la cuisine, oubliait ce qu'elle était venue chercher, et avec l'agitation les nausées revinrent par vagues puissantes. Chaque torsion d'estomac lui soulevait le cœur. Élisabeth courut vers les toilettes du rez-de-chaussée, puis, la cuvette atteinte, elle éjecta péniblement quelques filets de bile qui s'étiraient en cordons gluants jusqu'à ce que, d'un revers de la main, elle s'en débarrasse.

Putain de stress, se dit-elle. Pourtant, elle refusait obstinément de prendre anxiolytiques et antidépresseurs que les médecins insistaient à lui prescrire, comme si les problèmes conjugaux ou éducatifs se réglaient par l'ingestion de pilules chimiques. Elle était passée par là, c'est vrai, mais seulement pendant une brève période avant de tout arrêter de sa propre initiative. Ça n'avait rien changé, de toute façon elle dégueulait presque toujours les comprimés après les avoir avalés.

À l'heure dite, Élisabeth arriva au collège avec sa jupe stricte et ses escarpins à talons, en mère digne et respectable. Après avoir montré sa carte d'identité à la loge, elle dut signer un registre, puis elle se dirigea vers le bureau de la vie scolaire. Mme Melville, la conseillère d'éducation, l'accueillit, droite et sèche, en lui tendant une main moite. Sa poigne molle fit à

Élisabeth l'impression de serrer quelque mollusque visqueux. Elle s'assit en face d'elle en réprimant une grimace.

– Madame, fit la CPE d'un air grave, on nous a informés tout à l'heure qu'une vidéo humiliante mettant en scène un élève du collège circulait sur les réseaux sociaux.

Puis elle se gratta le menton en silence. Un épais duvet surmontait sa lèvre supérieure. Quel âge avait-elle ? Se pouvait-il qu'avec ses cernes et les stries au coin de la bouche cette femme soit plus jeune qu'elle ? Et pourquoi personne n'avait jugé utile de lui dire de s'épiler ?

– Y a-t-il un rapport avec Maëva ? s'enquit-elle.

– Oui.

Et elle lui montra.

Elle ne vit qu'une porte, d'abord. Le reste des lieux, plongés dans une obscurité assez épaisse, demeuraient indiscernables. Toute l'attention se focalisait donc sur cette porte, aux tons ocre. Au bout de quelques secondes, elle distingua des tags dessus, mais trop flous pour être lisibles. L'image trembla, quelqu'un étouffa un rire et l'écran devint noir. Puis la porte, de nouveau. La caméra plongea vers le sol. On devinait un carrelage vaguement beige, ce que permit de vérifier un zoom plus prononcé. Élisabeth réussit même, à ce moment-là, à identifier un chewing-gum écrasé là. Les gloussements encore, puis des chuchotements suivis de « Hum ! » et de« Ah ! ».

Élisabeth, mal à l'aise, craignit un instant de voir Maëva en plein ébat sexuel dans les toilettes du collège avant de comprendre qu'il ne s'agissait pas de la voix de sa fille.

« Oooooh ! » cria-t-on dans la vidéo. La caméra passa sous la porte, se redressa tel un radar cherchant sa cible, et Élisabeth découvrit, comme les centaines de personnes qui avaient vu ces images sur Internet, un adolescent au visage blême, le pantalon descendu sur les chevilles, en train de plier précautionneusement un mouchoir en papier afin de s'essuyer les fesses. La langue tirée, il se concentrait pour maîtriser les gestes saccadés qui l'empêchaient de mener à bien sa tâche. Puis ce fut une nouvelle lutte pour diriger son bras vers ses fesses, encore posées sur les toilettes. Il se redressa légèrement pour les atteindre et on aperçut son sexe qui pendait.

« Aaaaah ! », « Oooooh », faisait-il. Derrière l'appareil qui filmait, quelqu'un s'esclaffa. Le garçon remarqua alors l'intrusion et poussa un cri terrifiant.

Ce fut tout.

Élisabeth demeura interdite, terriblement gênée. Pourquoi lui avait-on montré ce film ? Quel rapport y avait-il avec sa Maëva ?

– Madame, fit la CPE après quelques instants, cette vidéo a été trouvée sur le compte Snapchat de votre fille.

Sonnée, elle ne comprit pas immédiatement. Un compte Snapchat ? Maëva ? Elle n'était au courant de rien. À sa connaissance, sa fille n'utilisait rien d'autre qu'Instagram, où elle postait essentiellement des photos de paysages, et parfois de ses nouveaux vêtements.

Mme Melville attendit, bien consciente qu'Élisabeth tombait des nues. Elle devait en voir d'autres, des parents largués qui découvraient la vie secrète de leur progéniture au moment où cela tournait mal.

– Je… je ne savais pas qu'elle avait un compte… un compte… bredouilla-t-elle sans parvenir à terminer sa phrase, les yeux baissés.

Sa honte était immense, et en même temps une puissante colère grandissait en elle. Pourquoi les enfants devenaient-ils ces inconnus capables de choses inimaginables, dont elle devait ensuite répondre en tant que mère ? Que lui était-il passé par la tête ?

– Je ne sais pas quoi vous dire, ajouta-t-elle.

Son regard croisa celui de la CPE, et elle y lut une sorte de compassion blasée. Tant de fois, elle avait vu cette mine déconfite que prenaient les parents, et devant le misérable constat de leur échec, elle savait parfaitement afficher un air compréhensif et hypocrite. Élisabeth la détesta soudainement, reportant sur elle toute la rage impuissante qu'elle avait ressentie juste après avoir visionné la vidéo.

– J'ai parlé à Maëva, dit Mme Melville. Elle n'est pas fière, croyez-moi. Elle dit que ce n'est pas elle qui a filmé. Elle a reçu la vidéo. Mais à notre connaissance, elle est la première à l'avoir mise en ligne et à la rendre ainsi accessible.

– Cet élève… le jeune homme… De qui s'agit-il ?

La CPE prit un air ennuyé.

– C'est un garçon fragile. Il a un handicap, il est atteint du syndrome de La Tourette. Son père est furieux. Il envisage de porter plainte.

– Mon Dieu, lâcha-t-elle dans un souffle.

Elle se souvint des mains de l'homme, à la réunion de rentrée. Ses larges poings serrés, sa mâchoire crispée face à l'hostilité affichée des autres parents d'élèves.

On frappa à la porte. Une surveillante amenait Maëva, qui gardait la tête baissée pour ne croiser aucun regard, et encore moins celui de sa mère. Elle avait fait deux nattes ce matin, une de chaque côté, et quand elle entra, il sembla à Élisabeth qu'elle avait de nouveau cinq ans, du temps où, coiffée exactement de la même manière, elle courait vers sa mère avec une immense joie lorsque celle-ci allait la chercher à la garderie. Mais voilà qu'elle n'était plus une enfant.

Elles suivirent l'une et l'autre la CPE jusque dans le bureau du principal du collège, qui devait décider d'une sanction interne. Bien entendu, l'entretien fut pénible. Maëva gardait un certain aplomb et mettait un point d'honneur à ne rien révéler de la personne qui avait filmé Maxence.

– Tout ceci est très grave, insista le principal. Le père de l'élève victime veut déposer plainte, et il me semble évident que cette histoire ne peut se régler sans conseil de discipline. Vous comprenez ?

Maëva ne comprenait pas, mais Élisabeth, elle, savait que sa fille risquait l'exclusion définitive et qu'au-delà de la tache terrible que cela constituerait dans son dossier scolaire, il leur faudrait ensuite organiser les trajets vers un autre établissement désigné par l'Inspection académique, dans une zone où le moindre déplacement paraissait impossible sans voiture.

Maëva était exclue pour quelques jours en attendant la décision, et Élisabeth fut priée de la ramener sur-le-champ au domicile.

Au moment de prendre congé, elle demanda si on pouvait lui communiquer les coordonnées du père de Maxence.

– Je ne crois pas, non, répondit le principal après une brève hésitation.

– Bien, je…, dit Élisabeth en lui tendant la main pour clore l'entretien.

– En revanche, ajouta-t-il, je peux lui donner les vôtres, et il décidera s'il souhaite vous contacter.

Élisabeth acquiesça, remercia, serra la main de tout le monde pour prendre congé et s'en alla avec Maëva sur ses talons, écœurée d'avoir touché de nouveau la paume humide de Mme Melville.

Ritchie et Maëva avaient pris l'habitude de se moquer de Maxence. Au début, cela restait entre eux. Ritchie lâchait une blague, Maëva riait, et ils passaient assez vite à autre chose. De temps en temps, l'un d'eux répétait un peu plus fort la vacherie du jour, dans le couloir quand Maxence passait, ou dans la cour, parfois même en classe dans le cours d'un prof moins sévère, et les deux tourtereaux s'esclaffaient en cœur, tellement ivres de leur complicité qu'ils en oubliaient les sentiments de leur victime. Maxence s'éloignait le plus rapidement possible, en ânonnant des protestations hachées auxquelles personne ne prêtait attention.

Maëva ne remarqua pas que Maxence était de plus en plus souvent en retard, de plus en plus souvent absent. Quand il revenait en classe, elle mettait les bouchées doubles, profitant du fait qu'elle avait eu plus de temps pour peaufiner sa vanne, et c'étaient deux fois plus de ricanements et de souffrance.

Il arrivait que d'autres élèves se joignent à eux. Ils coinçaient Maxence dans les couloirs, le bousculaient dans les escaliers. « Eh, tu cries comment quand tu te branles ? » rigolait Ritchie.

« Tu crois vraiment qu'il arrive à se branler ? » demandait un autre, tandis qu'un troisième faisait le geste de se masturber tout en criant : « Hum ! Ah ! C'est… c'est… Cécécécécé… bon… » Et tous poursuivaient leur chemin, montaient et descendaient les escaliers, allaient dans la cour, hilares. Toute la journée. Tous les jours. C'était l'une de ces choses qui rythmaient le quotidien, comme la sonnerie ponctuait le début et la fin des cours. La petite blague sur Maxence était devenue un rituel dont on ne se passait plus.

Personne n'avait prévu d'aller plus loin. Tout ça, c'était pour rigoler. D'ailleurs, est-ce que quelqu'un l'avait frappé ? Les bousculades, ça n'avait rien à voir, ce n'était pas de la violence, juste de petites taquineries inconséquentes. Ils le savaient, qu'il était malade, c'était comme ça, pour rire, jamais ils ne se seraient moqués d'un handicapé pour de vrai. Ce n'était pas de leur faute à eux, quand même, s'il était débile, il ferait mieux de le prendre à la rigolade puisqu'on ne pouvait rien y faire et peut-être même qu'il se ferait des amis. Un mec qui rit de lui-même, ça fait plus cool qu'un coincé qui chiale à la première remarque.

Et puis comment ils pouvaient le savoir, eux, que Maxence le vivait mal ? Est-ce qu'il avait vraiment demandé à quelqu'un d'arrêter ? Personne n'avait compris que tout ça le dérangeait autant. Sinon ils n'auraient pas continué, bien sûr.

C'était Ilan, un ami de Ritchie, qui avait eu l'initiative de le filmer dans les toilettes. Quand Maëva avait vu la vidéo pour la première fois, elle avait été partagée entre rire et effroi. Le fait qu'on voie Maxence presque nu, aux chiottes, lui semblait à la fois affreux et incroyable.

Mais précisément parce que c'était affreux et incroyable, elle avait eu envie de voir naître chez les autres la même sidération outrée que celle qu'elle avait ressentie. C'est ainsi qu'elle avait mis la vidéo en ligne sur Snapchat, où la majorité des élèves du collège pourraient désormais la visionner, la sauvegarder, la diffuser à leur tour, dans une boucle sans fin.

Maxence n'était inscrit sur aucun des réseaux sociaux en vogue, aussi n'eut-il pas tout de suite connaissance de ce qui se tramait. Quelqu'un finit par lui en parler et, pire, par lui *montrer*. Le jeune homme avait fixé l'écran, les yeux exorbités, le cœur absolument mort, et s'était regardé en train de plier le PQ comme un demeuré même pas capable de se torcher correctement.

Il n'avait rien dit. Il avait juste voulu s'enfuir, et ne plus jamais revoir personne, ni croiser aucun des yeux qui avaient vu l'innommable. Alors il avait cessé de venir au collège. Il prenait bien le bus chaque matin, descendait à l'arrêt habituel, mais au lieu de suivre le flot des élèves jusqu'à la grille il errait n'importe où, sur un terrain vague un peu plus loin, aux abords d'un chantier à l'autre bout de la ville, parfois il poussait même jusqu'au grand centre commercial situé trois kilomètres plus loin, entre les champs et la voie rapide.

Évidemment, avec ses clignements de paupière, ses grimaces et ses grands gestes, il était repéré partout. Au bout de quelques jours, le collège avait contacté son père pour s'inquiéter des absences, et il ne fallut pas plus d'une heure à la police locale, avisée à son tour, pour intercepter le fuyard et le ramener au domicile familial.

Devant son père, Maxence avait éclaté en sanglots. Il voulait mourir. Voilà ce qu'il dit quand on le somma de s'expliquer, il le cria d'une seule traite, sans bégaiement ni syllabes parasites.

« Je veux mourir », répétait-il tandis que les larmes et la morve se confondaient sur ses lèvres, « je veux juste mourir, s'il te plaît papa, laisse-moi mourir ».

Stéphane avait du mal à y croire. Comment était-ce possible ? Pourquoi Maëva avait-elle fait ça ? Un handicapé, en plus ?

Et volaient en éclat des années de certitudes éducatives, qui faisaient dire à tous les parents consciencieux : « Mon enfant ne ferait jamais une chose pareille ».

Il avait espéré que Maëva nie, proteste avec véhémence, qu'elle se batte pour rester, à ses yeux, une petite fille au cœur pur, et alors il l'aurait crue, bien sûr, si seulement elle avait dit « ce n'est pas moi », juste ça. Il ne demandait qu'à la croire. Mais elle avait confirmé, tête basse, regard fuyant. Oui, elle avait diffusé la vidéo, oui elle savait bien que c'était un garçon fragile, malade, et elle s'était moquée précisément des symptômes de cette maladie. Oui. Il n'y avait rien à dire de plus.

Désormais cette histoire occupait toutes ses pensées. La première nuit, il dormit très mal. Le lendemain matin, il loupa la station de RER à laquelle il devait descendre. Le jour suivant, il était toujours si distrait qu'il manqua de se faire renverser en traversant un peu n'importe comment.

Lorsqu'il rentrait, Maëva restait dans sa chambre. Elle n'en sortait qu'au moment du dîner. Élisabeth lui faisait un bref compte-rendu de la journée, qui se résumait à ceci : leur fille n'avait pas quitté sa chambre, et elle avait refusé de déjeuner.

Pendant ce temps, la vie du collège se déroulait sans elle, ses camarades allaient en cours, apprenaient mille choses et Maëva demeurait confinée. Stéphane ne décolérait pas. Assis dans le train qui le ramenait chez lui, le troisième jour, il tapait du pied de manière frénétique, sans vraiment s'en apercevoir, jusqu'à ce que son agitation arrache un soupir exaspéré à sa voisine de siège. Il cessa.

Ils attendaient toujours avec anxiété la décision de l'établissement. Allait-il y avoir un conseil de discipline ? À cela s'ajoutait une autre inquiétude, qui était de savoir si le père de Maxence allait porter plainte contre Maëva.

Arrivé à sa station, Stéphane descendit machinalement, se dirigea vers sa voiture garée depuis le matin sur le parking tout proche, s'installa au volant, démarra, avec ces gestes automatiques qu'il exécutait sans jamais détourner ses pensées de cette histoire. Sur la route, il se retrouva coincé dans des embouteillages. En comparaison avec ce qu'il aurait subi s'il avait utilisé exclusivement sa voiture, ce n'était rien du tout, mais aujourd'hui il en fut excédé. Saleté de gens, qui avaient tous les mêmes horaires de merde. Saleté de banlieue, saleté de vie.

Enfin, il tourna dans la petite ruelle qui se trouvait à deux pas de chez lui. Le quartier était paisible et la nuit était déjà tombée. Il approchait de la maison quand, entre deux arbres sur lesquels subsistaient quelques feuilles rescapées, il aperçut deux silhouettes enlacées. Quelque chose, la capuche de la jeune fille, peut-être, ou la manière dont les mèches de ses cheveux retombaient sur les épaules, un je-ne-sais-quoi de familier chez elle le fit ralentir. Le couple sursauta au son du moteur. Quand les deux amoureux relevèrent la tête, ils croisèrent le regard de Stéphane au moment où celui-ci passait devant eux. Maëva. Il pila net.

C'était bien elle, avec son gros sweat gris, celui qu'il lui avait rapporté de son dernier séjour professionnel à Londres. Elle le mettait tout le temps, dormait même avec, comme si c'était un doudou, et la voilà qui le frottait contre le corps d'un grand homme noir.

Stéphane scruta le compagnon de sa fille, incrédule. Il était immense, un mètre quatre-vingt-dix au moins, avec des épaules deux fois plus larges que les siennes, une mâchoire où se dressaient les courts poils d'une barbe drue. Un homme. Pas un gamin, non. Un homme, vraiment, tout ce qu'il y a de plus viril et de plus adulte. Quelque chose ne tournait pas rond, c'était ce déménagement, quelle idée idiote il avait eue. Tout avait pris des allures étranges, non seulement sa mère était morte, il n'avait pas réussi à oublier Carla pour autant, son couple n'allait pas mieux, et il y avait cette brèche qui s'était ouverte sur un nouvel univers, sombre et parallèle, où Maëva s'était perdue.

D'un geste brusque, Stéphane sortit de la voiture. Le claquement de la portière qui se refermait brisa la quiétude du quartier résidentiel.

– Maëva, monte dans la voiture, dit-il.

Maëva ne bougea pas. Elle se tenait droite, prête à essuyer des bourrasques de colère, mais son corps était agité de petits frissons. Ritchie passa son bras autour de ses épaules et la rapprocha de lui.

– Lâchez-la tout de suite, gronda Stéphane.

Le regard de Ritchie se posa sur Maëva, qui hocha la tête de manière presque imperceptible en même temps qu'elle murmura : « C'est mon père ». Mais au lieu de s'éloigner, elle serra très fort la main de Ritchie dans la sienne.

Stéphane bondit alors, hors de lui. Il attrapa sa fille par le bras et la tira brusquement en hurlant.

– Papa, je…

– Monte tout de suite, je t'ai dit !

Ritchie allait s'interposer lorsque Maëva obtempéra.

– Et vous, qui êtes-vous, hein ? poursuivit Stéphane en s'adressant maintenant à Ritchie. Qu'est-ce que vous foutez avec ma fille ? Est-ce que vous savez quel âge elle a ?

– Papa…, insistait toujours Maëva.

Elle s'agrippait à la manche de son père et tirait dessus pour le ramener avec elle à la voiture, comme lorsqu'elle était petite et s'impatientait. Stéphane l'ignora. Ritchie les fixait tour à tour. Maëva se réfugia de l'autre côté du véhicule tout en observant la scène. Elle voyait leurs silhouettes, deux ombres noires découpées dans la nuit, et elle fut frappée par la différence de taille, de stature, d'épaisseur entre les deux hommes. N'avait-elle jamais pris conscience combien Ritchie était grand, tellement plus grand que son propre père ?

Enfin, Stéphane reprit sa place au volant, démarra en trombe sans même boucler sa ceinture, et c'est sous les sonneries stridentes de l'ordinateur de bord, qui avait détecté que le conducteur n'était pas attaché, qu'ils se garèrent devant le portail.

Maëva sortit précipitamment et détala dans sa chambre. Stéphane la suivit, furieux de trouver la maison plongée dans l'obscurité. Où était donc Élisabeth ? Il traversa le salon et, depuis la terrasse, il vit la lumière au fond du jardin. Elle était dans son atelier. C'est pour cela qu'ils s'étaient installés dans ce trou paumé où sa fille était devenue une Lolita harceleuse, pour qu'Élisabeth puisse camoufler son oisiveté derrière une couverture artistique ridicule, pour qu'elle retrouve confiance en lui, en eux, pendant qu'il luttait chaque jour pour ne pas regretter les cuisses chaudes de Carla.

Il jeta un regard vers l'étage, puis en direction de l'atelier, ne sachant s'il fallait poursuivre Maëva ou courir prévenir Élisabeth. Il resta là, assommé par le bruit de son cœur dans ses oreilles, découragé.

– C'est un homme, je te dis.

Élisabeth leva les yeux, les posa sur son mari allongé près d'elle et ferma son livre en soupirant.

– Tu l'as déjà dit.

– Mais tu ne comprends pas ! Ce n'est pas un gamin de son âge ! C'est un homme. Il est deux fois plus grand et large que moi. Tu entends ? Notre fille adolescente sort avec un homme, un géant noir sorti d'on ne sait où.

– Stéphane, il est dans sa classe.

– Dans sa classe ? Tu déconnes ? protesta-t-il en lâchant un petit rire plein de hargne. Ou alors c'est son prof.

– Arrête tes conneries.

Mais Stéphane n'en démordait pas.

– Demain, dit-il. J'appelle le collège demain. Et après je file au commissariat porter plainte.

– Porter plainte ? Mais contre qui, et pour quoi ?

– J'en sais rien, moi. Agression sexuelle, détournement de mineure. Peu importe.

– Il est dans sa classe, insista Élisabeth. Ces choses-là sont normales à cet âge, assena Élisabeth en éteignant la lumière.

Stéphane repéra une lueur dans l'obscurité et la fixa avec obstination. Élisabeth pouvait bien dire ce qu'elle voulait, elle n'avait pas vu le type en question, et il était prêt à se couper les couilles si ce type avait moins de vingt-cinq ans.

Élisabeth était occupée à peindre lorsque son téléphone sonna. Elle s'acharnait sur une toile où plusieurs fonds avaient été superposés, créant des irrégularités à force de peinture accumulée. Elle aimait ces aspérités nées des hésitations, ces couleurs nouvelles qui avaient recouvert les anciennes sans les effacer, mais elle ne savait pas réellement quoi faire de ce résultat bancal dans lequel elle se reconnaissait pourtant.

– Oui ? fit-elle en décrochant, les mains mal essuyées.

– Je suis le père de Maxence.

Un silence s'installa. Ce fut Élisabeth qui le rompit.

– Je… je suis désolée, vraiment, je…

– Ça suffit, la coupa-t-il. Vous vouliez prendre contact avec moi, m'a-t-on dit. C'était juste pour vous excuser et garder bonne conscience ?

Élisabeth ne sut que dire. Pourquoi avait-elle voulu lui parler, déjà ? Pour essayer de le faire changer d'avis à propos de la plainte, sans doute ?

– Écoutez, je sais combien tout cela doit être difficile… douloureux pour vous… et votre fils, ajouta-t-elle un peu maladroitement. Pourrions-nous nous rencontrer pour discuter de tout cela de vive voix ?

Elle l'entendait respirer nerveusement. Elle ne se souvenait plus à quoi il pouvait bien ressembler, seule lui restait l'image de ses mains fâchées, serrées en de gros poings prêts à cogner.

– C'est d'accord, dit-il.

Il lui donna rendez-vous chez lui. Elle le fit patienter un instant, chercha fébrilement un stylo sous un amas de croquis, n'en trouva pas, attrapa finalement un pinceau et dessina sur la toile un 8, suivi d'une feuille d'érable barbouillée avec précipitation.

– 8, allée des érables. C'est noté.

Le téléphone encore à la main, elle demeura perplexe, debout face à son tableau ruiné.

Sylvain Chardonnet habitait une jolie maison assez ancienne, un peu à l'écart. Le lierre grimpant qui avait pris d'assaut la façade extérieure lui donnait une allure à la fois romantique et austère. Elle sonna au portail, attendit, mais personne ne vint à sa rencontre. Elle tourna la poignée et, constatant que ce n'était pas verrouillé, elle décida d'entrer.

Un heurtoir en métal noirci surmontait la porte en chêne. Elle fit cogner le gros anneau plusieurs fois contre le bois, émettant ainsi trois sons sourds. Des bruits de pas se rapprochèrent. Anxieuse, elle s'efforça de sourire.

– Bonjour, dit le père de Maxence en la dévisageant avec curiosité.

– Bonjour, répondit-elle en accentuant son rictus.

Ils demeurèrent plusieurs secondes face à face, elle élégante sur le seuil, lui hirsute, avec un vieux jean et un pull troué sur le dos, pieds nus, l'œil mauvais, avant de se décider tout de même à l'inviter à entrer.

L'intérieur était négligé en apparence, mais plutôt propre quand on y regardait de plus près. La masse des meubles sombres dans la semi-obscurité accentuait l'impression de tristesse profonde qu'il portait sur le visage. Élisabeth se demanda pourquoi les rideaux étaient presque entièrement tirés. Un instant, en le voyant refermer la porte sur elle, elle eut peur.

Il se présenta, Sylvain Chardonnet, mais elle pouvait l'appeler Sylvain. Les familiarités ne changeraient rien au problème qui les amenait à se voir, mais elle accepta. Il lui proposa du thé, puis disparut dans la cuisine. Elle attendit son retour, assise avec raideur sur le canapé du salon. À sa droite, une immense pendule rythmait le temps qui passe avec la régularité paisible et angoissante des choses contre lesquelles on ne peut rien. Élisabeth se surprit à taper du pied comme si elle battait la mesure des secondes, mais déjà Sylvain était là, avec dans les mains un plateau surmonté d'une grande théière, de deux tasses et d'une petite bonbonnière en cristal où se trouvait le sucre.

Quand il s'assit en face d'elle, les deux parents se dévisagèrent longuement, en sachant que leurs enfants respectifs les positionnaient comme des adversaires, peut-être même comme des ennemis. Derrière l'apparence informelle de leur rencontre, chacun défendait ce qu'il avait de plus cher.

Élisabeth songea à s'excuser de nouveau, mais se reprit à temps. Au lieu de cela, elle demanda :

– Comment va-t-il ?

– Maxence ? Oh, il…

Ses yeux se voilèrent et sa réponse resta en suspens.

– Je suis désolée, dit Élisabeth.

Cela avait été plus fort qu'elle. Leurs regards se croisèrent une nouvelle fois et finalement, Sylvain lui sourit.

Maxence allait mal, bien sûr. Il était d'ailleurs hospitalisé quelque temps, c'était à la fois l'occasion de le mettre en sécurité et de refaire une batterie de tests liés au suivi de sa maladie.

Il avait passé des jours et des nuits sans manger, sans boire, assis sur son lit, à pousser des cris, à hurler sa rage, sa détresse et sa détestation de lui-même, haïssant tout, son incapacité à maîtriser ses gestes, son corps maigre et flasque, sa queue ballante, dont tout le monde s'était gaussé. Durant toutes ces heures, il s'était défoulé sur des ennemis absents, un Ritchie, une Maëva, tous ces monstres qui avaient posé leurs yeux sur le spectacle désolant de sa fragilité et il n'avait cessé de répéter en pleurant : « Je veux mourir, je veux mourir, laissez-moi mourir ».

Sylvain n'osait plus le quitter. Il avait verrouillé les fenêtres, inspecté les tiroirs, confisqué les ciseaux, les rasoirs, les couteaux et même les fourchettes. Parfois il s'approchait de son fils, se collait derrière lui, le torse contre son dos, enserrait les petits bras secs qui se débattaient avec vigueur et lui chuchotait doucement : « Mon petit. Mon tout petit. Ça va aller. » Mais Maxence n'était plus un enfant qui croit à l'influence de son père sur le monde, et il savait bien que la souffrance le poursuivrait partout, qu'elle serait dans la première pensée du matin après le réveil, dans chaque inspiration durant la journée, dans chaque battement de cœur et qu'il faudrait sans doute, pour en venir à bout, faire cesser tout cela une fois pour toutes.

– C'est comme ça depuis qu'il est à la maternelle, lâcha Sylvain au milieu de son récit. En pire, chaque année. Un peu plus de moqueries, un peu plus de dégâts, mais cette fois ce n'est plus possible.

Élisabeth baissa les yeux en entourant la tasse avec ses deux mains pour mieux sentir la douce chaleur du thé.

– Je n'étais au courant de rien, balbutia-t-elle, mais Sylvain l'interrompit d'un simple doigt levé.

– C'est trop tard, de toute façon. Qu'est-ce que je fais, moi, maintenant, avec mon gamin ?

– Et sa mère ? demanda Élisabeth.

– Sa mère, quoi ? fit Sylvain, subitement sur la défensive.

– Vous… vous êtes seul pour faire face à tout ça ?

Il lui décocha un regard à la fois dédaigneux et accusateur, et émit un petit rire sarcastique.

– Sa mère, répéta-t-il. Sa mère. Oui, on peut se demander où elle est, vous avez raison. Elle est partie il y a cinq ans. Nous n'avons plus de nouvelles.

Élisabeth, qui ne savait pas quoi dire à cela, fixa le rideau. Elle repensa à Maëva petite, échevelée, qui courait pieds nus dans la cour parisienne, droit devant elle, qui se jetait dans ses bras et enfouissait son minuscule visage dans le cou maternel. Elle se revoyait la consoler, la gronder, lui enjoindre de dire bonjour à un voisin, merci à la dame, au revoir au monsieur. Des bribes de phrases vaines dont le souvenir la faisait trembler, maintenant qu'elle avait l'impression d'avoir échoué, toute sa vie durant, à bien élever sa fille. Comment en serait-elle arrivée là, sinon ?

– Est-ce que je pourrais le voir ? demanda-t-elle à Sylvain, la gorge serrée.

Il sembla surpris.

– Je ne crois pas que ce soit une bonne idée, madame.

– Élisabeth, le reprit-elle.

– Élisabeth, si vous voulez.

– Pourquoi ?

– Pourquoi, quoi ?

– Pourquoi ce n'est pas une bonne idée ?

Sylvain soupira avec lassitude.

– Vous n'avez aucune idée de l'état dans lequel il est, n'est-ce pas ? Ni de ce que provoque sa maladie ?

Elle ne répondit pas, se refusant à insister davantage.

Le conseil de discipline eut lieu au début du mois de décembre, un soir où le vent déchaîné semblait bien décidé à souffler en tempête toute la nuit.

Élisabeth et Stéphane s'y rendirent ensemble, encadrant d'un air grave une Maëva muette. Ce fut long et pénible. Il fallut entendre toute l'histoire en détail, qui faisait porter sur leur fille une responsabilité accablante. On leur posa des questions auxquelles ils répondirent en bredouillant de confusion et de honte, conscients d'être perçus comme des parents un peu dépassés, sans doute laxistes, peut-être même indifférents. Des parents inefficaces, selon toute évidence. Et ils étaient là, à essayer de démentir comme si c'était leur propre procès, condamnant les actes de leur fille tout en promettant que des faits similaires ne se reproduiraient jamais.

Puis on les fit patienter dans une petite salle sombre au bout d'un couloir. Ils restèrent tous trois figés dans le silence en attendant qu'on leur annonce la sentence.

Enfin, des pas approchèrent. Ils retinrent leur souffle avec appréhension. Élisabeth avait quasiment cessé de respirer quand elle reconnut, dans l'embrasure de la porte, le visage de Sylvain, presque aussi grave que le sien. Il s'arrêta net en les voyant tous les trois, eut un mouvement de recul et se retourna pour regarder Maxence qui le suivait.

– Je crois que nous allons attendre ailleurs, dit-il, sur le point de rebrousser chemin.

Élisabeth chercha son regard, retrouva dans l'éclat glacial de ses yeux la dureté qu'elle avait sentie lors de leur entretien, et elle eut à peine le temps de le trouver beau que déjà, il lui avait tourné le dos, bien décidé à tenir à distance l'encombrante culpabilité qu'elle lui offrait pour obtenir son pardon.

– C'est le père de Maxence, dit-elle à Stéphane, qui ne réagit pas.

Maëva leva ostensiblement les yeux au ciel. Peu importait l'issue du conseil de discipline, elle restait accrochée à sa haine du débile, responsable de tout ce qui lui arrivait et coupable d'exister.

Élisabeth regarda son mari et sa fille, chacun retranché dans des préoccupations égoïstes, sentit un début de nausée se déployer au creux de l'estomac, mais elle ravala ses haut-le-cœur et son orgueil et courut dans le couloir pour rattraper Maxence et son père. Ils se retournèrent en entendant le claquement bruyant des talons.

– Ne partez pas, fit-elle.

Sylvain leva un sourcil interrogateur.

– Je n'ai pas porté plainte, dit Sylvain.

Bien sûr, il n'était pas dupe et savait que derrière la compassion d'Élisabeth, il y avait surtout la peur qu'elle ressentait en tant que mère. Elle ne fit rien pour cacher son soulagement. Cette nouvelle ne changerait rien à l'avenir scolaire de Maëva, mais elle écartait tout de même un problème supplémentaire.

Maxence se tenait derrière Sylvain, effrayé. Sa bouche agitée de spasmes donnait à son visage des allures de masque grimaçant. Il se triturait les mains, tandis que son coude droit partait régulièrement sur le côté, comme s'il chassait un ennemi invisible par de petits coups nerveux.

– Bonsoir, Maxence, lui dit-elle.

Tout le bras gauche du garçon frémit. Élisabeth suivit du regard l'onde qui agita l'épaule, parcourut le biceps, puis l'avant-bras avant de se concentrer dans la crispation des doigts. La main droite s'efforça de maintenir la gauche, tandis que la bouche de Maxence se tordait de plus belle.

– Bon… bonsss… sss… soir.

Elle lui sourit. Sylvain la fixait toujours, sur ses gardes.

– Venez, leur dit-elle. Attendez avec nous. S'il vous plaît.

La rencontre fut étrange, entre excuses, repentance et hostilité. Maëva s'évertuait à le cacher, mais elle n'en menait pas large. Elle avait tellement ri à la découverte de la vidéo, le débile pisse, on voit la bite du débile, c'était si drôle de partager cela avec les autres, d'anticiper leur surprise, leur effarement, leurs rires un peu gênés, tous si anodins à ses yeux, sur le moment. Et maintenant que Maxence était là, face à elle, sans la présence des autres pour le rendre insupportable au milieu des gens normaux, elle le trouva chétif, devina sa détresse et se sentit désemparée face à sa propre cruauté.

Maxence ne tourna pas une seule fois les yeux vers elle. Il percevait sa silhouette, celle du bourreau. Ce n'était pour l'heure rien qu'une masse dans son champ de vision périphérique, et de cette ombre menaçante il recevait comme des décharges électriques, chacune contenant une phrase, un ricanement, un de ses propres sanglots étouffés. Il revoyait toute la scène. Il est dans les toilettes, il y a ce téléphone qui passe sous la porte, un gloussement, son sexe exposé, l'horreur, la précipitation pour se rhabiller, la panique, les rires, les rires encore et cette pluie d'humiliations qui se déverse, qui se déverse encore, et lui noyé dans ce déluge sans aucune arche, nulle part, où chercher refuge.

« Oh ! Hum ! Aaaaah ! » Il hurla en même temps que son bras partit brusquement pour heurter avec force le mur à sa droite. Son cri se transforma en plainte.

Stéphane le regardait, complètement effaré. Lui aussi pensait, comme sa fille, que c'était un débile, c'est si triste d'avoir un fils débile. Et soudain, il fut soulagé, lui qui avait une fille normale à qui l'on ne reprochait rien d'autre qu'un manque d'empathie ponctuel.

C'est alors qu'on vint chercher Maëva et ses parents. Une dame les invita à la suivre, mais Élisabeth ne l'entendit pas, car au milieu de toute cette étouffante pesanteur, Sylvain la dévisageait et, avec insistance, elle le fixait également.

*

De retour chez eux, comme les rescapés de quelque épouvantable catastrophe, ils ne parlèrent pas. En rentrant, ils avaient fait un détour par le centre-ville, en avaient profité pour commander des pizzas en se concertant à peine sur le choix de la garniture, puis ils les avaient mangées devant la télé, que personne ne regardait vraiment, mais dont chacun fixait les images pour ne pas avoir à échanger avec les autres.

Maëva était exclue définitivement, leur avait-on annoncé. Mais avec sursis, avait-on ajouté après un silence. Concrètement, sa faute méritait une sanction exemplaire mais on lui laissait encore une chance. Elle pourrait donc retourner en cours dès le lendemain. En revanche, elle ne participerait plus au voyage scolaire à Londres. Mais cela parut un détail.

Soulagée, elle monta dans sa chambre dès la fin du repas et s'empressa d'annoncer la bonne nouvelle à Ritchie. Elle sourit quand il manifesta sa joie.

« À demain », écrivit-elle avant de s'endormir, satisfaite.

DEUXIÈME TRIMESTRE

Noël fut un peu triste. Stéphane traversa les fêtes comme un fantôme, absorbé par ses souvenirs de petit garçon, du temps où il croyait que sa mère était une montagne inébranlable à l'ombre de laquelle il pourrait toujours se réfugier. Elle lui manquait terriblement. Combien de fois s'était-il dit qu'il devrait l'appeler, avant de remettre le coup de téléphone au lendemain, au surlendemain, puis d'oublier ? Où étaient passés tous ces week-ends, ces jours de vacances, ces soirées vides qu'il n'avait pas remplis de sa présence ? Et il encaissait la douleur que lui causait cet irréparable gâchis, elle ne reviendrait jamais, il ne serait plus jamais un enfant et il regardait vers l'avenir qui s'obscurcissait en l'emportant.

Élisabeth se rendit compte que quelque chose n'allait pas chez son mari, mais elle feignit de ne pas le remarquer, préférant vaquer à ses occupations comme si de rien n'était. Elle non plus n'avait pas la gaieté facile, mais elle avait appris à poser un sourire sur son masque quotidien. Ce n'était en revanche pas le cas de Maëva qui tournait en rond, convaincue qu'une journée sans Ritchie ne pouvait être qu'une journée perdue. Stéphane lui avait interdit de sortir, alors elle passa toute la semaine pendant laquelle il était en vacances à le maudire, maugréer et envoyer des textos.

Quand Stéphane reprit le travail, elle retrouva une certaine liberté. Elle pouvait désormais aller et venir avec la complicité indifférente de sa mère et ne se privait pas de rejoindre Ritchie.

Il l'attendait le plus souvent à l'écart de la maison, non loin du collège. Ils allaient au centre commercial, parfois au parc lorsque le temps était clément. Quand Maëva se plaignait des températures, il lui parlait en riant de l'Afrique de son enfance. Pour la réchauffer, disait-il. Il lui raconta le choc ressenti à son arrivée en France. Le froid mordant de novembre. La pluie fine qui s'insinue partout sous l'effet du vent, entre les mailles des vêtements et dans certaines chaussures, si elles n'étaient pas choisies avec soin, et le ciel de plomb qui scelle les journées d'automne. Maëva se laissait bercer par sa voix grave et écoutait distraitement. Elle peinait à imaginer la vaste steppe qui s'étendait au-delà du village, la terre sableuse et ocre qui recouvrait tout d'une poussière volatile et étouffante, l'intensité du soleil rouge lorsque venait le soir. Il lui disait tout ça, persuadé qu'elle pouvait aisément se représenter le décor qu'il convoquait avec conviction. Maëva recevait ces miettes, sans comprendre qu'il lui offrait à chaque fois un peu plus de lui-même. Même ses intonations changeaient et petit à petit se réinstallait l'accent qui s'était estompé depuis deux ans qu'il était arrivé en France.

– Deux ans ? C'est tout ? s'étonna-t-elle.

Il hocha la tête et ne dit rien de plus.

Lorsque Maëva rentrait, peu de temps avant le retour de Stéphane, elle trouvait généralement la maison vide. Élisabeth passait le plus clair de son temps dans l'atelier. Le matin, sa promenade était devenue une routine incontournable. Puis, l'après-midi, elle peignait. Certaines de ses toiles au fond sombre s'étaient parées de touches colorées, bien qu'encore timides, et avaient donné naissance à des forêts, des montagnes, des paysages torturés dans le crépuscule ou dans la nuit. Dans cette nature ensommeillée, il ne manquait que le soleil pour la réveiller totalement.

Élisabeth se sentait joyeuse. Son appétit était de retour. De bon matin, elle avait envie de dévorer des fruits, des tartines, des boissons chaudes. Depuis combien de temps cela ne lui était-il pas arrivé ?

C'était un fait : elle allait mieux. Elle avait trouvé un certain équilibre qui lui donnait plus d'énergie. Elle se félicitait alors d'avoir quitté Paris, persuadée que la clé de tous ces changements résidait dans cette décision-là.

Elle était sortie plus tôt que d'habitude ce matin-là. Une brume statique flottait, comme suspendue au-dessus du grand étang, et à certains endroits du chemin pourrissaient les feuilles mortes agglutinées en un amas boueux. Élisabeth respirait l'odeur humide de la végétation lourde de rosée, immobile dans le matin sans vent, quand un joggeur surgi de nulle part s'invita dans son champ de vision.

– Élisabeth ?

Elle sursauta, ne reconnut pas immédiatement la voix essoufflée et encore moins le visage rougeaud devant elle.

– Vous allez bien ? insista l'homme.

Elle l'identifia soudainement, honteuse de ne pas l'avoir fait tout de suite.

– Sylvain, bonjour, répondit-elle avec gêne. Euh… oui… je vais bien. Et vous ? Et Maxence ? ajouta-t-elle après quelques secondes d'hésitation.

– Il va mieux. Bientôt prêt pour un retour au collège, on l'espère.

On était mi-janvier et depuis le conseil de discipline, plus d'un mois auparavant, Maxence n'était pas retourné en classe.

Il s'en était senti incapable. Les psychologues avaient recommandé de lui laisser un peu plus de temps.

Sylvain s'était remis à sautiller sur place, prêt à reprendre sa course. Mais hormis les petits bonds qui s'étaient intensifiés, il ne s'en allait toujours pas. Élisabeth lui sourit poliment, comme pour l'autoriser à prendre congé.

– À bientôt, alors, dit-elle. Nous nous recroiserons sans doute.

Il poursuivit ses petits sauts rythmés quelques instants.

– Pourquoi ne viendriez-vous pas boire un thé à la maison un de ces jours ? Je suis là le matin. Passez quand vous voulez.

Elle hocha la tête et quand il tourna les talons, elle resta à le regarder s'éloigner sur le chemin, puis disparaître derrière un arbre à l'intersection.

Ce jour-là, elle ajouta une silhouette sur son tableau. Ce n'était rien qu'une ombre floue dans les bois sombres, mais c'était la vie qui revenait peupler ses paysages intérieurs.

*

Élisabeth alla frapper à la porte de Sylvain une semaine plus tard. Durant les quelques secondes d'attente, elle crut entendre en boucle l'écho des bruits secs qu'avait fait le heurtoir en cognant sur le bois.

Il sembla si surpris lorsqu'il ouvrit qu'elle regretta d'être là, comme si l'invitation avait été un malentendu. Mais son étonnement fut de courte durée. Il la fit entrer avec un empressement un peu gêné et se fendit d'un sourire qui, loin de la mettre à l'aise, l'embarrassa davantage. Qu'était-elle venue faire au juste ?

Comme la première fois, il la fit patienter, revint avec la théière et s'assit en face d'elle. Ils se dévisagèrent.

– Comment va Maxence ? se sentit-elle obligée de demander.

– Ça peut aller. Si tout va bien, il retournera au collège après les vacances de février… Bon, en réalité pour le moment… il vit dans un établissement médical qui prend soin de lui. Je crois qu'il en avait besoin. Même si c'est dur d'admettre qu'on n'est pas capable de protéger son propre enfant, et même si c'est dur de ne pas le voir de toute la semaine. Il rentre le week-end… enfin, presque tous les week-ends.

Élisabeth hocha la tête, puis elle porta la tasse à ses lèvres, se brûla la langue en essayant de boire et la reposa promptement. Sylvain ne la quittait pas des yeux.

– Et donc, comme ça, vous vous promenez souvent près des étangs ? reprit-il.

– Tous les matins, dit-elle.

– C'est bien d'avoir le temps de le faire. Depuis que mes horaires de travail ont changé, je peux me permettre, moi aussi, de profiter de mes matinées. Vous travaillez dans quelle branche, vous ?

Elle se revit du temps où elle se rendait quotidiennement au bureau, apprêtée, mue par une tension permanente qui permettait de surmonter la fatigue, mais elle ne se reconnaissait plus dans cette femme dont le stress était devenu la colonne vertébrale, alors elle opta pour la transparence :

– J'ai pris une espèce de congé sabbatique.

Sylvain la dévisageait désormais avec un intérêt plein de curiosité. À son interrogation muette, elle précisa : « Je peins ». Il ne fit aucun commentaire, et elle se sentit ridicule. Elle chercha n'importe quoi d'autre à dire pour changer de sujet, mais au lieu de cela elle s'embourba, se mit à parler peinture, à raconter combien laisser libre court à sa créativité lui avait manqué et maintenant qu'elle en avait la possibilité, et un endroit au calme, elle pouvait enfin s'adonner à…

Elle s'interrompit, presque haletante sous l'effet de l'accélération des battements de son cœur. L'intensité du regard de Sylvain la troubla, et ce fut elle qui, la première, baissa les yeux.

– Venez, lui dit-il.

Il semblait amusé, et l'espièglerie décelée dans ce visage qu'elle avait presque toujours vu revêche l'étonna. Sans demander d'explication, Élisabeth monta l'escalier derrière Sylvain. Le couloir à l'étage était recouvert d'une moquette lourde qui absorbait totalement le bruit de leurs pas. Sylvain s'arrêta devant une porte. Avant même qu'il ne l'ouvre, elle sentit l'odeur de la térébenthine, des solvants et des vernis. L'atelier installé ne la surprit pas autant que la découverte des toiles exposées. Certaines étaient immenses, avec des fonds sombres, comme celles d'Élisabeth, où tranchait la peau opaline des femmes allongées là, comme négligemment abandonnées. Elles étaient seules, mais la béatitude du regard, la langueur apaisée du corps laissaient deviner l'absence récente d'un amant enfui. Au fond, des tableaux étaient bâchés. Élisabeth se retint de courir vers eux pour découvrir ce qu'ils représentaient. Elle se contenta de rester sur le seuil, bouche bée, les yeux allant d'une peinture à une autre.

– C'est magnifique, lâcha-t-elle.

Il semblait impassible face à l'émerveillement sincère d'Élisabeth et il dit simplement :

– Vous voyez, moi aussi je peins.

Après la découverte de ce point commun, Élisabeth s'autorisa davantage de contacts avec Sylvain. Si elle lui demandait des conseils sur certains produits, il lui proposait de l'accompagner acheter ce qu'il lui fallait ; si elle regrettait de ne pas trouver facilement d'aussi grandes toiles que les siennes, immédiatement il lui indiquait son fournisseur, devenu un ami au fil du temps et auprès de qui il n'aurait pas de mal à lui négocier quelques ristournes.

Et ainsi s'installa entre eux une complicité qui se mit à ressembler à une amitié, un peu incongrue compte tenu des circonstances dans lesquelles ils s'étaient rencontrés.

De plus en plus souvent, malgré les températures hivernales, ils se retrouvaient au bord de l'étang. Sylvain terminait sa course, s'arrêtait près d'Élisabeth, trempé d'une sueur rapidement glaciale. Quand il commençait à grelotter à ses côtés, il prenait congé et repartait en trottinant pour se réchauffer. Élisabeth s'en allait d'un pas alerte et, de retour chez elle, elle buvait un thé en rêvant à ses futures toiles.

Et l'atelier se remplissait de paysages parcourus de personnages toujours plus détaillés. Bientôt, on reconnut un homme et une femme, on distingua un chapeau clair entre les arbres dénudés, un sourire sur un visage, on devina la joie simple de la promenade, puis, dans le bourgeon accroché à une branche, le frémissement du printemps prêt à éclipser l'hiver.

Maxence ne reprit pas les cours comme prévu. Il demeura un peu plus longtemps dans le centre où il était hébergé. Parfois, il revenait le week-end, mais la perspective d'une semaine qui allait débuter, l'idée de monter dans un bus bondé d'élèves, de se mêler à eux, les côtoyer ensuite toute la journée au collège le plongeait dans un état de panique que ni son père ni lui ne parvenaient à maîtriser. Il était donc entendu, dès le vendredi lorsque Sylvain allait le récupérer, qu'il retournerait dans son unité spéciale le dimanche soir. Il y suivait quelques cours avec d'autres adolescents, à un rythme adapté.

Sylvain abordait volontiers tous les sujets sur un ton léger, mais lorsqu'il s'agissait de Maxence, la colère prenait le dessus, une colère épaisse, profonde, dangereuse, face à laquelle Élisabeth se sentait visée à travers Maëva.

Quand il parlait de son fils, elle se demandait toujours s'il fallait lui poser des questions, au risque qu'il se mure dans un silence hostile, ou au contraire lui offrir une écoute attentive et muette, qui pourrait être perçue comme une forme d'indifférence. Entre hésitation et curiosité, elle finit par recueillir ses confidences.

Sylvain avait rencontré Marie, la mère de Maxence, à l'université. Il avait du mal à le reconnaître, peinait même à s'en souvenir, mais il avait véritablement été fou d'elle, fou jusqu'à l'étourdissement, fou jusqu'à la nausée. Quand Maxence était né, il incarnait parfaitement cette fusion passionnelle, et Sylvain reporta tout son amour délirant sur l'enfant, dont la seule existence lui apparaissait comme le plus impressionnant miracle jamais accompli.

Il était devenu un père entièrement dévoué à son fils, avec cette exclusivité farouche que l'on attribue le plus souvent aux mères, et Marie s'était progressivement retranchée dans un second rôle insignifiant.

Quand, à l'âge de cinq ans, Maxence avait développé des troubles du comportement évidents, Sylvain n'avait rien voulu voir, persuadé que tous les enfants étaient un peu bruyants, répétaient les mots entendus pour se les approprier, touchaient compulsivement les objets pour mieux les appréhender. Il avait fallu que la maîtresse argumente, démontre et insiste pour qu'il accepte de consulter des spécialistes. Marie contint son anxiété par une effrayante passivité, convaincue que le désinvestissement était le meilleur rempart contre les problèmes ; aussi laissa-t-elle volontiers Sylvain parlementer avec les médecins, questionner le neurologue, pleurer devant le psychologue, monter le dossier auprès de l'administration qui, en même temps que la reconnaissance du handicap, permettait d'obtenir des moyens et des aménagements pour la prise en charge de Maxence, notamment dans le cadre scolaire.

Le diagnostic ne rendit pourtant pas les choses plus simples : les tics, tocs et bruits ne cessèrent de s'aggraver. Marie baissait les yeux, mortifiée dès qu'il fallait faire les courses ou se promener. Ils reportèrent toutes les sorties qui n'étaient pas absolument nécessaires, refusèrent les invitations, n'allèrent plus au restaurant. Marie se montrait de plus en plus impatiente avec son fils. Elle hurlait parfois sans raison apparente. Ne tolérait pas de l'entendre reprendre en boucle ses fins de phrase ou dire des grossièretés. Les cris maternels ajoutaient au stress de l'enfant et, affolé, celui-ci éclatait en sanglots pour finir agité de spasmes désordonnés, le visage luisant de larmes et de morve. Sylvain s'en prenait à son tour à sa femme, et Marie pleurait elle aussi, elle avait gâché sa vie, elle minait celle de son fils, elle ne saurait jamais comment faire avec lui, tout lui semblait beau partout ailleurs que dans sa famille.

Elle finit par s'en aller, bien sûr. Elle rassembla peu d'affaires, ne prévint personne. C'était une fuite plus qu'un départ organisé. Sylvain, abasourdi, s'efforça de maintenir les contacts entre Maxence et sa mère mais un beau jour, elle disparut purement et simplement. Peut-être était-elle partie à l'autre bout du pays, ou du monde, comment savoir ? Ils n'eurent plus la moindre nouvelle.

Élisabeth l'écoutait. Ils étaient dans le salon, les rideaux tirés comme d'habitude, engloutis par la pénombre. Dehors, la blancheur opaque du ciel diffusait une luminosité blafarde. Seul un rai de lumière avait réussi à se frayer un espace entre les deux pans de tissu pour éclairer le visage de Sylvain dans l'obscurité ambiante. Ils se turent, et il y eut dans ce silence toute l'absence de Marie. Élisabeth avança une main et effleura le menton de Sylvain, exactement là où le jour projetait sa clarté. Il tourna vers elle un regard étonné mais ne s'écarta pas. Elle laissa courir ses doigts sur sa barbe naissante, dans ce qui ressemblait confusément à une caresse. Il lui saisit la main, presque avec brusquerie, l'enserra dans la sienne, puis il ferma les yeux.

– Tu as grossi, lâcha Stéphane un soir alors qu'elle commençait à débarrasser la table.

Élisabeth se figea un instant avant de poursuivre ses activités. Personne ne remarqua ce temps d'arrêt.

– Merci, fit-elle simplement.

Stéphane ne décela aucune ironie dans sa réponse. Il crut cependant utile de préciser :

– Je te le dis comme un compliment… Enfin tu sais bien… ces dernières années… tu as été parfois si maigre… je voulais dire… tu as l'air… mieux, voilà.

Il agrémenta son explication d'un sourire pour gommer toute ambiguïté. Elle le gratifia en retour d'un rictus forcé afin de clore la discussion et disparut dans la cuisine, les bras chargés d'une pile d'assiettes.

Ce soir-là, il vint se blottir contre elle. Élisabeth lui tournait le dos, feignant d'être absorbée par sa lecture tandis qu'il reniflait son cou, glissait sa langue derrière son oreille, collait son bassin à ses fesses. Elle eut un frémissement au moment où elle sentit son érection, et ce sursaut enhardit Stéphane, qui laissa ses mains courir sur le corps de sa femme, l'une palpant maladroitement ses seins, l'autre sur son ventre, puis ses cuisses avant de s'attarder sur son sexe et fouiller résolument dans son intimité.

Depuis combien de semaines n'avaient-ils pas fait l'amour ? En avait-elle seulement envie ? Sans se retourner, elle posa son livre et tendit les fesses vers son mari. Il la prit sans autre préliminaire, avec empressement. Elle accueillit en elle sa virilité frustrée et, au moment où il jouit, elle arqua tout son corps. Ce n'était pas, à proprement parler, une simulation, plutôt une sorte d'encouragement.

Après, ils demeurèrent longtemps sans bouger, encore emboîtés l'un à l'autre, deux corps moites déjà marqués par les premiers signes de vieillissement, qui se retrouvaient comme deux compagnons d'infortune pour conjurer leur solitude.

*

C'est vrai qu'elle s'était remplumée. Face à la glace, Élisabeth observait sa poitrine alourdie, devenue presque généreuse et ses joues moins creuses. Elle se trouva jolie, se dit qu'elle paraissait plus jeune et sourit à son propre reflet avant de s'habiller.

Dans le jardin, les premiers bourgeons étaient là, un peu trop pressés, un peu trompés aussi par la suspecte douceur de ce mois de février naissant. Élisabeth s'attarda sur le cerisier du Japon encore nu, caressa les feuilles de l'hortensia près de la dépendance, puis entra dans l'atelier.

Ces derniers temps, elle avait peint sans relâche, ajoutant de plus en plus de couleurs à ses compositions, éclairant par petites touches un monde si longtemps plongé dans les ténèbres. C'était la vie qui, discrète, reprenait ses droits, déployait ses racines profondes, faisait parler les viscères et remettait Élisabeth dans l'action, malgré elle. Elle se sentait prête à tout, capable de tout, à commencer par exprimer l'indicible par des coups de pinceaux de plus en plus affirmés.

– J'aimerais que vous passiez à l'atelier, j'ai peint de nouvelles toiles, proposa-t-elle un soir alors que la famille finissait de dîner.

– Oui, bien sûr, on ira demain, répondit distraitement Stéphane.

Maëva acquiesça avant de monter dans sa chambre.

Le lendemain, Stéphane rentra plus tard que d'habitude, de méchante humeur d'avoir patienté une heure dans un train immobilisé entre deux stations, et Élisabeth ne revint même pas sur le sujet, que de toute façon tout le monde sauf elle avait déjà oublié. Elle se risqua à réitérer la proposition quelques jours après, et récolta un accord de principe qui ne fut pas davantage suivi d'effet.

Les tableaux d'Élisabeth se mirent à s'éclaircir. Les paysages se faisaient plus printaniers, la lumière plus présente. Les fleurs apparurent, et les animaux aussi. À la mi-février, elle termina une toile représentant un oiseau en plein envol, la branche qu'il venait de quitter encore visible derrière lui. Dans le déploiement des ailes, dans la tension du petit cou arqué vers les cieux, elle avait su capturer cet élan fondamental dans un contre-jour éblouissant.

Après l'avoir achevé, elle posa son pinceau et se perdit dans la contemplation de la bête, émerveillée du reflet irisé des plumes qui lui avait donné du fil à retordre et dont le résultat la remplissait de fierté.

– Il faudra que vous veniez voir ma dernière toile, dit-elle à son mari et à sa fille ce soir-là.

– Oui, nous irons demain, répondit Stéphane, si machinalement qu'elle se demanda s'il avait vraiment entendu sa proposition.

Maëva ne dit rien.

Le lendemain, l'oiseau délicat demeura seul dans l'atelier. Indifférent à l'absence de public, il poursuivait son éternelle ascension.

*

Quand leur classe partit en Angleterre, seuls quatre élèves, dont Ritchie et Maëva restèrent en région parisienne. On les répartit chacun dans une classe de troisième différente.

– C'est vraiment nul qu'on ne soit pas ensemble, se plaignait Maëva chaque jour. Et c'est encore plus nul qu'on ne soit pas en Angleterre.

– Pour moi, cela ne change rien, rétorquait Ritchie. Je ne pouvais pas y aller de toute façon.

À force de l'entendre répéter cela, elle finit par s'enquérir des raisons qui avaient empêché Ritchie de participer au voyage. Il hésita un instant.

– Parce que je n'ai pas les papiers.

Elle fronça les sourcils, peu au fait des formalités administratives.

– Il fallait aller à la mairie ! Ou à la préfecture ! C'est là qu'on est allées, ma mère et moi, pour faire ma carte d'identité quand j'étais petite.

Ritchie lâcha un rire. Parfois il se sentait si différent, tellement plus grave, si *vieux*. Surtout face à l'innocence un peu bête de ses camarades de classe.

– Pour moi c'est plus compliqué, tu sais. Je n'ai pas de papiers, répéta-t-il.

– Pas de papiers ?

Il n'avait pas envie d'expliquer, de voir se poser sur lui le regard étonné de Maëva, peut-être méprisant, comment savoir ? Qu'est-ce que ça ferait de lui, au juste, de devenir un sans-papiers à ses yeux, lui qui s'était toujours efforcé de jouer le rôle de celui qui impressionne, fort d'une virilité précoce qui effaçait toute concurrence ? Est-ce qu'il lui faudrait raconter la manière dont il était arrivé en France ? Celle dont il s'était construit une gaieté de façade pour oublier le souvenir de sa mère et de son frère, qui lui manquaient chaque jour ?

Il soupira.

– Laisse tomber, dit-il finalement, avant de l'embrasser énergiquement.

Elle lui rendit son baiser, s'amollissant dans ses bras, de plus en plus fébrile à mesure que la langue de Ritchie se glissait en elle, répondant à son insistance par une caresse des papilles. Puis elle parcourut l'intérieur des joues du garçon, lécha ses dents et se pressa contre lui jusqu'à lui arracher un gémissement douloureux.

– Bon, je dois y aller, fit-elle en se soustrayant brutalement à son étreinte.

Ils se séparèrent, tout bouillonnants de sève, et marchèrent dans des directions opposées au rythme des battements de leurs cœurs affolés.

« J'ai envie de toi », lui écrivit Ritchie ce soir-là. Elle fixa longuement l'écran de son téléphone, les joues rouges, l'émotion humide, et rêvassa sans discontinuer à ce que signifiait cette déclaration jusqu'à l'heure du coucher.

– Quand est-ce que vous viendrez voir ma dernière toile ? demanda une fois de plus sa mère pendant qu'ils étaient à table.

– Quand tu veux, répondit-elle, tandis que son père approuvait d'un hochement de tête.

– Après le dîner ? proposa Élisabeth.

– Je suis fatiguée, dit Maëva, pressée de retrouver les messages de Ritchie dès que possible. On ira demain, d'accord ?

Élisabeth demeura silencieuse. Elle piqua un morceau de viande et regarda vers la fenêtre tout en mâchant. On devinait l'ombre de la dépendance dans la nuit, à l'autre bout du jardin, et la distance qui les séparait de l'atelier lui parut infranchissable.

– J'aimerais beaucoup que vous veniez voir mes toiles, dit Élisabeth.

Le visage de Sylvain s'illumina d'un sourire, mais ses yeux demeurèrent habités d'une tristesse qui le quittait rarement. Cela la frappait de plus en plus, et même si elle en comprenait désormais les causes, elle ne s'habituait pas à cette impression de contempler une âme dévastée.

– Avec joie, dit-il.

Elle baissa la tête, un peu embarrassée, se demandant si une fois de plus, on lui faisait une réponse dictée par la politesse ou s'il existait un réel désir de découvrir son univers.

– Maintenant ? proposa Sylvain.

Élisabeth le considéra avec surprise, puis elle se leva presque d'un bond tout en acquiesçant.

Elle entra la première. Il la suivit, mais s'arrêta sur le seuil tandis qu'elle se précipitait pour ouvrir les volets. À mesure que la lumière du jour envahissait la pièce, il observa les toiles vierges adossées contre le mur du fond, les deux chevalets à gauche où s'élevaient des forêts entières d'arbres torturés, le plan de travail plein de matériel de toutes sortes, les étagères remplies de pinceaux et de pigments encore sous emballage, dont il s'approcha pour les jauger en connaisseur. Son regard revint se poser sur Élisabeth, qui lui faisait face. Il s'accrocha à ses yeux anxieux et la trouva belle, de manière si soudaine que l'élan d'émotion qui le traversa le fit presque chanceler. Debout devant le plus gros chevalet, elle l'empêchait d'admirer sa dernière création et se sentait si vulnérable que son invitation lui semblait maintenant incongrue.

Sylvain fit encore un pas dans sa direction. Elle s'écarta légèrement, assez pour que s'échappe une aile aventurière de derrière ses cheveux. Il cessa alors de la regarder, elle, la contourna et se posta devant le tableau pour y découvrir l'oiseau, son cou gracile, son petit bec et ses plumes à la luminosité hypnotique qui se confondait avec le ciel trop blanc.

– C'est magnifique, Élisabeth, chuchota-t-il.

Rassurée, elle se mit à jacasser soudain, écrasant le silence de son enthousiasme volubile. C'était un matin face à l'étang, cet oiseau avait surgi de nulle part et décollé tellement maladroitement qu'il avait rasé l'eau. Puis, après avoir titubé quelques secondes, il avait repris son vol hésitant et était parvenu à s'élever dans les airs jusqu'à ce que sa silhouette ne soit plus qu'une ombre chinoise devant un soleil aveuglant.

Sylvain se tourna vers elle, lui prit la main droite, et la dévisagea longuement tout en l'attirant à lui. Elle ne se dégagea pas. Bien sûr, elle savait ce qui allait se passer. Elle savait aussi que cela ne devait pas arriver. C'était impossible, et puis Maëva allait bientôt rentrer du collège. Quant à Stéphane…

Elle frémit quand Sylvain lui embrassa le cou. Ce fut un souffle plus qu'un baiser, aussi léger que le battement d'ailes de l'oiseau, aussi vertigineux que son ascension dans le matin clair, et elle cessa de respirer lorsqu'il recommença, en remontant vers le lobe de son oreille cette fois-ci. Elle expira au moment où il redescendit, eut un sursaut quand il s'agenouilla et gémit en sentant ses lèvres se poser sur son ventre. Elle fixait l'oiseau, effrayée de le voir déjà si haut, irrattrapable et puis, dans l'odeur des solvants et la tiédeur de l'atelier, vint l'instant où elle s'envola à son tour.

Le soir même, dans l'intimité des toilettes, elle découvrit le sang sur sa culotte. Elle le fixa, étonnée, comme si elle avait oublié que les femmes saignent chaque mois. Cela faisait des années qu'elle allait de règles irrégulières en aménorrhée. « Il faut reprendre du poids », lui disaient les médecins. Elle acquiesçait, honteuse, tout en s'affamant jour après jour et en vomissant presque chaque soir. Cet aspect-là de la vie féminine devint pour elle une sorte d'abstraction, une réalité théorique qui n'avait aucune incidence sur son quotidien.

Ainsi donc, tout redevenait normal : elle avait quelques kilos en plus, mangeait avec plaisir, redoublait d'énergie et de vitalité, et son corps lui confirmait tous ces progrès en retrouvant un fonctionnement normal. Elle sourit en tirant la chasse, frissonna au souvenir de l'après-midi passé dans l'atelier avec Sylvain et rêva à ce moment délicieux.

Une fois qu'elle fut couchée, Stéphane se blottit contre elle. Son souffle chaud lui arracha une grimace de dégoût. Elle fit un geste pour se dégager, mais comme il ne comprenait pas, elle crut bon de le dissuader en précisant :

– J'ai mes règles.

Stéphane se redressa sur le lit, incrédule.

– Ah oui ? Mais ça fait combien de temps que ce n'était pas arrivé ?

Elle balaya la question d'un revers de la main. Stéphane insista, elle devrait aller consulter un gynécologue pour vérifier que tout allait bien, reprendre une contraception peut-être ? C'était plus prudent, maintenant que la machine semblait repartie.

– Oui, oui, répondit Élisabeth. J'essaierai d'avoir un rendez-vous avec un médecin du coin. Je n'ai pas très envie d'aller jusqu'à Paris uniquement pour une consultation de routine.

– Comme tu veux, ma chérie, dit-il. Et il lui déposa un baiser chaste sur le front avant de s'endormir.

Les saignements ne durèrent que vingt-quatre heures. Élisabeth oublia vite le rendez-vous médical qu'elle avait promis de prendre, tout occupée qu'elle était à se rendre chez Sylvain, quand elle ne le faisait pas venir dans son atelier. Ils se sautaient dessus sitôt la porte fermée, se dévoraient littéralement, comme s'il n'y avait rien d'autre à attendre de la vie que ce contact-là, d'abord la moiteur de la peau, puis leurs sexes malades de désir, qui appelaient l'autre d'une plainte humide et presque douloureuse.

Élisabeth reprenait ensuite sa vie de mère de famille, accueillant sa fille après sa journée de cours, son mari de retour du travail, de plus en plus souriante, avenante, de plus en plus « épanouie », disait Stéphane avec satisfaction, persuadé d'être à l'origine de ce bonheur retrouvé auquel il ne croyait plus.

– Il faudra que tu me montres tes tableaux, lui dit-il un soir, alors qu'elle avait cessé de le proposer.

Élisabeth s'affairait à débarrasser la table, Maëva était déjà remontée dans sa chambre et Stéphane terminait son verre de vin.

– Oui, oui, si tu veux, répondit-elle négligemment avant de disparaître dans la cuisine. Un de ces jours. Ce week-end ?

Mais entre le tintement des couverts et celui des assiettes entrechoquées, Stéphane ne l'entendit pas, et elle ne jugea pas utile de répéter.

– Pourquoi on continuerait à aller en cours ? À quoi ça sert ?

Maëva fulminait. La récréation touchait à sa fin. Ritchie et elle étaient censés se trouver dans la cour avec les autres élèves et se ranger dès la sonnerie en attendant leur professeur. Au lieu de cela, ils s'étaient réfugiés au bout du couloir du rez-de-chaussée, après les salles de sciences. C'était juste à côté d'une issue de secours, là où les adultes passaient rarement. Ritchie écoutait Maëva avec une patience manifeste, sans renchérir.

– Les autres ont la belle vie en Angleterre, tranquilles, et nous ? On doit aller en cours, mais ça ne sert à rien ! On n'est même pas avec nos profs ! Je te jure, demain je n'y vais pas !

– Et tu diras quoi à tes parents ?

Elle se tourna vers lui, le regard soudain illuminé. Puis elle s'approcha plus près pour lui susurrer quelque chose. À cet instant précis, la sonnerie les fit sursauter. Maëva se boucha les oreilles, excédée par le bruit strident, se leva et fit mine de s'éloigner. En se retournant pour vérifier que Ritchie lui emboîtait le pas, elle se moqua de son air hagard, puis lui fit un clin d'œil. Ritchie n'en était pas certain, mais il lui sembla avoir entendu :

– On pourrait aller chez toi. Toute la journée.

Cela lui avait immédiatement provoqué une érection.

– Tu es sûr ? insista-t-elle plus tard, une fois qu'il lui avait dit que ce ne serait pas possible.

– Oui, je suis sûr.

– Mais pourquoi ?

– Et chez toi, alors ?

– Chez moi il y a ma mère. Elle est tout le temps là depuis qu'elle ne travaille plus.

– Elle ne sort pas ? Pour aller faire les courses ? Se promener ? Jamais ?

– Si, sûrement, je n'en sais rien, répliqua Maëva dans un haussement d'épaules. Mais je ne sais pas quand, exactement. Elle peint dans son atelier la plupart du temps. Elle nous verrait forcément.

En réalité, le problème n'était pas vraiment sa mère. On ne pouvait pas dire qu'elle s'intéressait beaucoup à sa fille, ces derniers temps. Mais si elle surprenait Ritchie à la maison, elle le dirait immédiatement à Stéphane. Ou elle le chasserait elle-même.

– Mais il y a qui, chez toi ? insista Maëva.

– Ma tante.

– Pas ta mère ? s'étonna-t-elle.

Et voilà, se dit Ritchie. Elle allait poser des questions, c'était certain. Jusque-là, elle n'avait jamais vraiment cherché à savoir comment ni avec qui vivait Ritchie, tant elle était persuadée que la vie de tous les adolescents obéissait à quelques schémas classiques.

– Je vis avec ma tante.

– Et tes parents, où est-ce qu'ils sont ?

– Ils sont morts.

Maëva écarquilla les yeux. Ritchie était orphelin ! Elle le regarda avec une admiration redoublée, comme si son destin tragique ajoutait à son aura, mais heureusement pour lui elle ne sut plus quoi dire. Elle se contenta de lui serrer la main et de se pelotonner contre lui. Tout en l'entourant de ses grands bras, il fut envahi de souvenirs épars, incapable de chasser les cris assourdissants de cette nuit-là, les plaintes de ceux qui scrutaient la mer en y cherchant leurs proches le lendemain et qui, persuadés d'avoir repéré l'être cher, hurlaient à n'en plus finir pour que le bateau aille les secourir. Mais l'embarcation dérivait toujours, portée par les caprices des vagues et par les espoirs que nourrissaient encore certains passagers, tandis que ceux qui avaient vu basculer leur enfant, leur mère, leur sœur lors de la tempête continuaient de s'agiter et de gémir jusqu'à ce qu'on les menace de les jeter à leur tour par-dessus bord.

*

Ils étaient partis un jour d'avril. Ritchie n'avait que treize ans, mais il comptait déjà parmi les hommes les plus grands du village.

Son père était mort l'année précédente. Personne ne savait de quoi exactement. Une infection, sans doute. Ils n'avaient pas eu le temps de le conduire à l'hôpital, situé à des dizaines de kilomètres de là. Il ne resta plus que sa mère, son petit frère de dix ans, et lui. Peu à peu, l'idée de partir en Europe avait fait son chemin. Plus de la moitié des villageois avaient franchi le pas depuis quinze ans. Certains n'avaient plus donné de nouvelles, c'est vrai, mais leur famille s'attendait malgré tout à les voir revenir un jour, dans une belle voiture et vêtus des plus grandes marques. Quant aux autres, ils envoyaient régulièrement des sommes d'argent qui amélioraient sensiblement le quotidien. Ainsi, l'eldorado européen continuait de faire rêver ceux que leur terre natale privait d'espérance.

La mère de Ritchie économisa autant qu'elle put. Elle vendit l'âne, d'abord, puis leur vache maigrelette. Ensuite, elle décréta qu'il était temps de s'en aller. Bamaye, le vieux voisin, les conduisit avec sa charrette jusqu'à la ville. De là, ils montèrent avec une foule d'autres candidats au départ dans un camion au moteur fatigué, dont le pot d'échappement crachait une épaisse fumée noire. Sa mère avait mis son foulard sur la bouche du petit, parce que même à l'intérieur de la remorque on sentait les gaz nauséabonds. Ritchie avait prétendu que pour lui, ça allait. Il ne se plaignit ni de l'odeur, ni de la chaleur, ni, plus tard, de la soif. Parfois, le camion s'arrêtait, mais personne n'ouvrait les portes. Les voyageurs restaient là à se regarder d'un air interrogateur, attentifs au moindre bruit, effrayés de percevoir l'agitation autour d'eux sans être capables d'en identifier les causes. Tout était matière à sursaut et à inquiétude.

Un jour, on les fit tous descendre. Ritchie fut aveuglé par la lumière brûlante du désert après tout le temps passé dans l'obscurité du camion. Quelques minutes plus tard, il réussit à regarder autour de lui, vit la piste sur laquelle ils avaient avancé en cahotant, les maigres arbustes qui suffoquaient au bord du chemin puis, au-delà des rochers, le sable ocre et les dunes dont la silhouette vaporeuse se dessinait au loin.

Soudain, sans raison apparente, on se mit à les frapper. Des hommes armés se ruèrent sur eux pour distribuer des coups de poing, des coups de crosse, parfois des coups de pied, tout en hurlant des ordres incompréhensibles. Quelle langue parlaient-ils ? L'arabe, sans doute ?

Ritchie se dressa devant sa mère au moment où une matraque s'abattait sur elle. Il la reçut en plein visage. Elle lui ouvrit l'arcade sourcilière gauche. Le sang coula abondamment et éclaboussa le bitume. Il se souvenait d'avoir crié comme les autres, puis d'avoir avancé dans la direction qu'on leur indiquait.

Ritchie ne raconta pas tous ces détails à Maëva. Lui avouer qu'il était arrivé récemment était déjà bien assez pénible comme ça. S'il allait plus loin dans les confidences, il serait démasqué, deviendrait juste un migrant à ses yeux, l'un de ces fantômes errants montrés par les journalistes, instrumentalisés par les politiques au nom d'obscurs idéaux, selon qu'ils appellent à les aider ou à les rejeter, mais toujours et partout illégitimes. Africain, ça pouvait encore passer. *Migrant*, ça craignait trop.

À son arrivée en France, il n'avait pas le moindre document attestant de son identité. « Papiers perdus lors du naufrage », déclara-t-il comme des centaines d'autres exilés. Perdus comme sa mère et son frère, emportés par une vague, ou bien tombés lorsque le bateau penchait trop, tandis que lui, de son côté, luttait de toutes ses forces, bras et jambes enroulés autour d'une grosse barre fixée à la coque, pour rester à bord. Et le lendemain, hagard, il avait observé comme les autres l'immensité aquatique dans laquelle sa vie s'était dissoute, sans se préoccuper une seconde de l'endroit où pouvait se trouver la petite sacoche où il avait rangé son passeport.

Après avoir été pris en charge par la Croix-Rouge espagnole, et avoir vécu un temps dans un foyer pour réfugiés, il était monté seul dans un camion, conduit par un certain Jaime, un chauffeur précocement usé qu'il avait rencontré devant le café d'une station-service.

Jaime baragouinait un français approximatif et riait beaucoup. Cette gaieté excessive expliquait sans doute les rides profondes qui avaient creusé son visage au fil des ans et qui zébraient désormais ses joues. Depuis Malaga jusqu'à Vitoria-Gasteiz, Jaime lui parla de sa famille, de sa femme Teresa et de leurs deux filles, Susana et Pilar. La première vivait à Barcelone et la deuxième était une aventurière, il la voyait très peu depuis qu'elle était partie s'installer au Nicaragua, une fois tous les trois ans peut-être. Un jour, Teresa et lui iraient en Amérique centrale lui rendre visite. À l'heure de la retraite, probablement.

Ils avaient déjà roulé quelque trois cents kilomètres lorsque Jaime lui demanda :

– Hey, mais tu ne m'as pas dit comment tu t'appelles ?

– Richard.

– Ricardo ! *Bueno*. Et tu as quel âge, Ricardo ?

– Treize ans, répondit-il.

Jaime sembla si surpris qu'il lâcha le volant et après l'avoir dévisagé, interloqué, il partit d'un grand rire.

– Eh, Ricardo, je ne suis pas de la police, moi ! Ton âge, le vrai, c'est quoi ?

Ritchie répéta qu'il avait treize ans et Jaime se mit à rire de plus belle, avant de se vexer, persuadé que son jeune passager ne lui faisait pas suffisamment confiance pour lui dire la vérité.

– Tu es trop grand. Personne ne croira ça. Seize, d'accord, ça passe. Mais treize, non, non, affirmait-il en secouant la tête avec obstination.

Ritchie ne sut pas quoi rétorquer, alors il ne dit rien.

Tout au long du trajet, Ritchie pensa à sa mère. À ce qu'elle lui disait, le soir, dans leur village d'Afrique. « Tu pourras aller à l'école. Tu pourras faire ce que tu veux. Tu deviendras docteur, et ton frère aussi, tu verras, vous aurez un bel avenir. »

En réalité, il avait cessé d'étudier à l'âge de douze ans, quand l'instituteur du village était mort et que personne ne l'avait remplacé. Pour continuer à suivre les cours, il aurait fallu aller à vingt kilomètres de là, où deux professeurs s'occupaient déjà de cent dix enfants âgés de six à quinze ans.

Quand son père mourut, il devint évident qu'il devait surtout trouver un travail afin d'aider sa famille, et pour être honnête il n'avait jamais vraiment aimé l'école. Mais en France, là où les enfants ne travaillent pas, là où on leur demande de se consacrer à leurs loisirs et à leurs études, oui, il deviendrait docteur, pourquoi pas.

Après Vitoria-Gasteiz, Jaime obligea Ritchie à se cacher avec les marchandises. La frontière était encore loin, mais les contrôles n'étaient pas rares, et il préférait ne prendre aucun risque. Ritchie s'exécuta et ne sortit de sa cachette qu'à Paris, porte de la Chapelle. Terrifié, sans un sou, il regarda Jaime qui s'éloignait en agitant la main en guise d'au revoir. L'adolescent resta longtemps debout au feu rouge, droit comme un piquet, essayant en vain de reconnaître dans la laideur urbaine qui l'entourait quelque chose du Paris des cartes postales, mais il ne vit rien, pas même le sommet de la tour Eiffel émergeant derrière les immeubles.

Son enfance parisienne, au contact de tout ce que la capitale comptait de cosmopolite, avait donné à Maëva l'habitude de rencontrer des personnes aux origines diverses. À l'école, ses camarades venaient de tous les horizons, certains du Maghreb, d'autres d'Afrique noire. Clara, sa meilleure amie du temps de la maternelle, était portugaise. Elle se souvenait également d'une Iranienne, et même d'une Vénézuélienne qui ne parlait pas un mot de français. La maîtresse avait montré aux enfants le Venezuela sur une carte, et la classe avait ri en prononçant le nom du pays.

À Paris, tout le monde ou presque venait forcément d'ailleurs. Pourtant, les enfants qui revendiquaient une appartenance lointaine étaient, pour la plupart, nés en France, le plus souvent à Paris, exactement comme Maëva. Graines semées par les exilés d'hier, ils annonçaient malgré eux l'enracinement en cours.

Maëva ne faisait pas la moindre différence entre Mariama, sa copine de CE2 née dans le 14e arrondissement de parents maliens, et Ritchie. L'un et l'autre étaient désignés par leur peau noire comme d'éternels étrangers et lui parlaient d'Afrique avec de mystérieuses pointes de mélancolie.

– Tu préfères la France ou l'Afrique ? demanda Maëva alors que Ritchie peinait à s'extraire de ses souvenirs.

Il tourna la tête dans sa direction et la considéra avec un drôle d'air.

– Je préfère l'endroit où je peux être libre de devenir ce que je veux.

– Bon, et qu'est-ce qu'on fait demain ? enchaîna la jeune fille.

– Demain… eh bien, on va en cours, je crois bien.

– Pfff, tu n'es pas drôle.

Il l'embrassa malgré son air bougon.

Désormais, les matinées chez Sylvain avaient remplacé les promenades quotidiennes. Le plus souvent, il passait de longues minutes à guetter à la fenêtre, à tressaillir au moindre bruit de moteur, si bien qu'il avait déjà ouvert la porte et se tenait sur le seuil au moment où Élisabeth sortait de sa voiture.

Le thé était toujours prêt. Parfois, ils ne prenaient pas le temps de s'asseoir pour le boire et montaient rapidement, tout agités, quand ils ne sautaient pas l'un sur l'autre sur le canapé, là, au rez-de-chaussée. Une fois, ils avaient même renversé la théière sur le tapis du salon.

Ils s'encombraient rarement de mots. Leurs gestes désordonnés disaient tout de la frustration et de la solitude qu'ils traînaient comme une couche poisseuse, et dont ils essayaient de se débarrasser par des caresses avides. Leurs mains couraient sur le corps de l'autre comme des animaux affamés qui, à mesure qu'elles glissaient sur la peau, se nourrissaient en même temps qu'elles lavaient des tourments passés.

Puis venait le moment où Élisabeth disait : « Il faut que je rentre ». Sylvain ne répondait pas, encore nu mais rhabillé d'indifférence, et il la regardait en silence remettre ses vêtements.

D'autres fois, il sautait du lit dès qu'elle annonçait la fin de leurs ébats du jour, enfilait son pantalon avec l'empressement de quelqu'un qui est déjà en retard et il allait se poster sur le canapé en attendant qu'elle parte. Puis il la congédiait avec la même politesse qu'il aurait pour un démarcheur reparti bredouille.

Pourtant, chaque jour ou presque, ils recommençaient, volant des moments qui n'auraient jamais dû leur appartenir. Quelques heures durant, ils étaient seuls, ils étaient libres, rien que des âmes flottant dans des corps enfiévrés, profitant d'une renaissance dont ils sortaient, sans vraiment le savoir, un peu plus transfigurés à chaque fois.

Le soir, dans la monotonie du foyer, Élisabeth effectuait tous les gestes qu'on attendait d'elle, mais il lui arrivait, après le repas, au moment où elle mettait de l'ordre dans la cuisine, de se demander de quoi sa famille et elle avaient bien pu parler pendant le dîner, par quels sourires empruntés elle avait répondu à la conversation de Stéphane, et malgré tous ses efforts, elle était forcée de se rendre compte qu'elle n'en avait aucun souvenir.

C'est que, loin de Sylvain, tout s'inversait. L'âme passagère du corps le matin même, heureuse prisonnière de ses frissons et de ses soupirs, prenait les commandes, ignorait l'enveloppe charnelle qui avait beau se tenir là, dans cette maison, avec ce mari et la fille qu'ils avaient eue ensemble, et s'échappait. Malgré les apparences, Élisabeth n'était pas là. Du haut de son donjon, elle voyait grand, elle voyait loin, devant elle s'étalait tout le champ des possibles, se dessinaient tous les rêves qui n'avaient pas encore pris forme et, elle le savait, cet horizon onirique lui serait accessible, si seulement elle faisait les quelques pas nécessaires pour s'éloigner de sa tour.

Mais chaque jour, Élisabeth rentrait, ouvrait la porte, avant de la refermer précautionneusement derrière elle.

*

– Ma mère est trop bizarre en ce moment, dit Maëva à Ritchie.

– Pourquoi ?

Elle haussa les épaules.

– J'en sais rien. Elle a toujours été bizarre, mais là elle l'est encore plus. Elle nous regarde à peine, mon père et moi. Elle est toujours sur son téléphone et, quand elle s'adresse à nous, elle ne parle que de sa peinture, de ses tableaux. Comme si c'était le truc le plus important du monde.

– Bon, comme ça elle te laisse tranquille, non ? On pourrait peut-être en profiter pour aller chez toi un de ces jours ? Avec un peu de chance, elle ne remarquera rien, risqua Ritchie avec un clin d'œil.

– T'es bête ! rétorqua Maëva en lui assenant un coup sur l'épaule.

Ritchie la prit dans ses bras. Elle se pelotonna contre lui.

Pour Ritchie, il s'agissait surtout d'une plaisanterie sans conséquence, mais Maëva, elle, réfléchissait sérieusement à la manière dont ils pourraient se retrouver seuls chez elle. Leurs moments à deux se résumaient à des baisers dans des lieux publics, bravant les intempéries au parc de la Tour, exposés aux regards dans le centre commercial ou encore dans la rue, au risque de se faire surprendre par les parents, comme cela avait été le cas quelques semaines auparavant.

Le matin, Maëva le savait, Élisabeth faisait une promenade. Combien de temps durait-elle ? Une heure ? Deux ? Ensuite elle peignait dans l'atelier. Mais rien ne garantissait qu'elle ne fasse pas plusieurs allées et venues entre la dépendance et la maison. C'était trop dangereux.

La jeune fille renonçait donc tout en soupirant d'impuissance, sans jamais abandonner complètement son idée, à l'affût de la moindre information qui lui permettrait d'élaborer un plan, mais les jours se succédaient sans lui apporter de solution.

Ritchie continuait à la taquiner sur le sujet. La seule évocation des caresses qu'il pourrait lui prodiguer à l'abri des regards le mettait dans tous ses états. Mais la plupart du temps, lorsqu'il revenait là-dessus, c'était par plaisanterie. Aussi fut-il réellement surpris quand Maëva lui dit, un matin en arrivant au collège :

– Ma mère s'en va quelques jours la semaine prochaine. On ira chez moi. J'aimerais beaucoup te montrer ma chambre.

Une bouffée de chaleur lui fit perdre ses moyens, et même s'il réussit à se ressaisir, il eut un mal fou à maîtriser son excitation tout le reste de la journée.

*

Lorsque Sylvain proposa à Élisabeth de l'accompagner à une exposition à laquelle il participait dans une petite commune de bord de mer, à quatre cents kilomètres de là, elle commença par refuser.

Ils venaient de faire l'amour et dans la lumière crue de ce matin-là, elle fut tirée de sa somnolence par les baisers insistants de son amant. Elle s'en trouva d'abord flattée : ce corps qu'elle avait tant puni de ne pas avoir été assez désirable pour retenir Stéphane semblait aujourd'hui entièrement dédié au plaisir. C'était ridicule, bien sûr, mais dans les bras de Sylvain, elle avait l'impression qu'aucune femme n'avait jamais aimé avant elle, que personne n'avait jamais autant ri, autant ressenti, autant joui qu'eux deux.

– Je vais m'absenter bientôt, lui dit-il.

Élisabeth releva la tête pour le dévisager avec curiosité.

– Ah bon ? Tu pars longtemps ?

– Quelques jours seulement. Je dois participer à une exposition.

Elle se sentit obligée de le féliciter. Il va me manquer, se dit-elle. Et elle en nourrit un certain étonnement.

Il lui effleura le visage. Pas distraitement comme il le faisait parfois. C'était une caresse assortie d'un regard appuyé, empli d'une insistance muette. C'est alors qu'il lui demanda de l'accompagner. Elle lâcha aussitôt un petit rire, c'était impossible, qu'allait-elle dire à Stéphane et Maëva, voyons, quelle idée ! Mais Sylvain ne rit pas, au contraire son air grave se fit plus sombre et il répéta précipitamment, plusieurs fois de suite : « Viens avec moi ».

C'est alors qu'elle vit l'émotion dans ses yeux tristes, et sa main sur sa joue se fit à la fois plus douce et plus ferme. Au rythme de ses suppliques, il la berçait en même temps qu'il tentait d'apaiser sa propre solitude. Elle se laissa embrasser. À chaque baiser, à chaque caresse il lui disait ça, viens avec moi, je veux vivre avec toi autre chose que des moments volés, je veux que tu me donnes plus que des miettes de temps dérisoires, je veux un présent qui nous appartienne, que tu ne disparaisses pas comme tu le fais tout le temps, tout le temps, Élisabeth. Il chuchotait maintenant, Élisabeth Élisabeth Élisabeth, de plus en plus vite à mesure que sa respiration s'accélérait, il la nommait pour se souvenir de sa présence lorsqu'elle serait partie, tandis qu'elle l'attirait à lui pour imprimer sa chair sur la sienne. Accrochés l'un à l'autre, ils affrontaient la tempête sans savoir ce qui, de l'espoir, l'amour ou la peur, l'emportait.

Quand le silence revint, Élisabeth observa sa silhouette allongée, suivit la courbe de son épaule avec son doigt, redescendit, puis s'approcha un peu plus. Ses lèvres effleurèrent les paupières de Sylvain, l'une après l'autre, il sourit sans ouvrir les yeux, peut-être même sans se réveiller et elle lui dit dans un murmure que oui, évidemment, elle allait partir avec lui.

Lorsque leur classe rentra d'Angleterre, Maëva se retrouva à court de prétextes pour sécher les cours. Ce qui lui avait semblé légitime – se soustraire à une obligation insensée dans la mesure où le rythme habituel était rompu en l'absence de ses camarades – devenait désormais franche transgression. Mais il en fallait davantage pour la dissuader.

Sa mère partirait un jeudi. Elle ne reviendrait pas avant le lundi soir. Cela leur laissait, à Ritchie et elle, au moins deux belles journées dans une maison vide, jeudi et vendredi sans doute. Ensuite, il faudrait retourner au collège pour ne pas attirer l'attention par une absence prolongée.

Dès le lundi, Maëva eut du mal à trouver le sommeil. Elle imaginait sans cesse comment les choses allaient se passer. Jeudi, elle feindrait de se rendre en cours, rejoindrait Ritchie quelque part où ils ne croiseraient personne. Puis ils attendraient pour être sûrs que tout le monde chez elle était bien parti. Elle lui montrerait la maison, le jardin, puis ils iraient à l'étage et s'enfermeraient dans sa chambre. Ensuite, les images s'arrêtaient d'elles-mêmes, laissant place à une excitation anxieuse. Que feraient-ils réellement, une fois seuls ?

Ces interrogations lui ôtaient toute envie de dormir, et c'est après des heures passées à tourner dans le lit qu'elle se levait, épuisée, pour aller au collège.

De son côté, Ritchie nourrissait aussi quelques craintes, mais rien de comparable avec l'agitation qui torturait Maëva. Finalement, peu importait qu'ils couchent ensemble ou non. Ils avaient le temps. Ritchie ne redoutait pas l'acte en lui-même, car son dépucelage avait eu lieu en Afrique, quelques semaines avant le départ, avec Fatou, la petite-fille de Bamaye. Elle avait un an de plus que lui, la chevelure finement tressée et des dents aussi étincelantes que des perles. Ils se cachaient derrière la maison de la vieille Awa, celle qui était sourde et qui ne reconnaissait plus grand monde.

C'était Fatou qui avait pris toutes les initiatives, et il ne s'était pas fait prier pour réagir à son empressement. Fatou lui avait demandé s'ils se marieraient un jour, il avait ri sans répondre, bien que l'idée ne lui déplaise pas, mais il avait finalement quitté son village, son pays et l'Afrique. Il pensait parfois à Fatou avec la nostalgie douloureuse que provoquent les grands arrachements, car au-delà de leurs expériences sexuelles il l'associait à tout ce à quoi il avait dû renoncer et que jamais plus il ne retrouverait.

Après la mort de sa mère et de son frère, l'envie de faire l'amour s'était mise en sourdine. Il avait vu des filles se faire violer par des passeurs, ou par d'autres migrants dans certains centres, et il peinait désormais à distinguer, dans l'acte sexuel, ce qui relevait de la violence ou de la tendresse. Et si Maëva se sentait agressée ?

Pourtant, à la seule idée de la tenir dans ses bras, nue, et de pouvoir faire tout ce qu'elle voudrait bien accepter, il bandait si fort qu'il craignait d'être incapable de poursuivre ses activités quotidiennes sans que personne remarque son état.

*

Élisabeth arriva à la gare avec dix minutes de retard. Sylvain s'efforça, en la voyant, de demeurer impassible, mais le relâchement des muscles de son visage et le long soupir lâché trahirent son soulagement.

– J'ai bien cru que tu avais changé d'avis, avoua-t-il en l'embrassant.

Le train démarra bientôt, dans un frémissement hésitant d'abord, marquant un temps d'arrêt après un premier élan, avant d'accélérer.

Élisabeth devint de plus en plus bavarde à mesure qu'elle s'éloignait. Tout lui semblait soudain simple et facile. Elle parlait à n'en plus finir, convoquait ses souvenirs, livrait des récits de jeunesse qu'elle découvrait joyeux en les racontant à Sylvain. Et ils riaient tandis que défilait le paysage indistinct, ils riaient dans l'irréalité des arbres et des villages aspirés par la vitesse, profitant le plus longtemps possible de ce doux vertige.

Élisabeth avait pris quatre de ses toiles, après avoir eu du mal à les choisir.

– Ton nom a bien été ajouté, lui confirma Stéphane dans le train. Nous exposerons donc ensemble. Je suis heureux que ça se passe comme ça pour cette première fois.

– Puisque tu as de l'expérience, tu peux me dire ce que je devrais faire, au juste ?

– Oh, rien de compliqué. En général on reste assis pendant des heures, les visiteurs défilent dans l'indifférence, parfois ils font un petit sourire poli, ou gêné, et si on a de la chance ils font un peu de conversation. Quelques compliments plus ou moins sincères, on discute peinture, et les choses ne deviennent sérieuses que quand on commence à parler de prix. Parfois on ne vend rien, ou presque, mais on gagne des contacts. Tiens, le type qui s'occupe de la salle municipale qui sera transformée en galerie ce soir… je l'ai rencontré comme ça, à une autre expo. Il avait aimé mon travail et avait pris mes coordonnées. Je l'avais déjà oublié quand il m'a écrit pour m'inviter pour la Semaine des arts de sa commune.

– Cela fait longtemps que tu exposes ?

– Assez. Mais ça ne me permet pas pour autant de vivre de ma peinture, malheureusement.

Élisabeth préféra ne rien dire sur le sujet. Sylvain conduisait un engin de manutention dans un entrepôt situé au milieu d'une zone industrielle entourée de champs et, de toute évidence, il ne trouvait rien de réjouissant à cette activité. Il n'en parlait presque jamais, et il avait fallu le questionner avec insistance pour obtenir quelques vagues informations.

– Quand j'étais jeune, je n'imaginais pas une seconde de vivre d'autre chose que de la peinture. Et puis avec l'âge, et la nécessité d'élever un enfant, on ravale sa déception et on se fait une raison.

– Oui, acquiesça Élisabeth. On finit par se résigner.

À la différence de Sylvain, cependant, elle n'avait jamais véritablement envisagé une carrière d'artiste-peintre. Elle aimait dessiner, c'est vrai, elle avait même vendu quelques portraits lorsqu'elle était étudiante. Elle empruntait une photo du modèle et la reproduisait au pastel sec sur une grande feuille de papier grainé, s'efforçant de restituer fidèlement la franchise d'un regard, la candeur d'un sourire, la courbure prononcée d'un nez imparfait.

Stéphane l'avait encouragée à poursuivre au début de leur vie commune, comme on pousse un proche à continuer le tennis, une fois par semaine, le jeudi après le travail, histoire d'évacuer les tensions, sans envisager une seconde qu'en réalité, ce dont il rêve secrètement, c'est de participer à un tournoi international. C'était ce genre de soutien, dont on sentait la mollesse derrière la bienveillance. Pour Stéphane, il était évident que cette activité ne pourrait pas être autre chose qu'un loisir.

Élisabeth ne lui en avait jamais tenu rigueur, car elle était persuadée, elle aussi, qu'elle ne trouverait pas d'avenir professionnel dans la peinture.

Pour Sylvain, les choses étaient différentes. C'était un artiste dans l'âme, sombre et torturé, et à chaque fois qu'il montait sur sa machine, au fond de l'entrepôt périurbain, il ravalait l'amertume que lui laissait le rappel implacable de son échec.

Pourtant il était là, dans ce train, les toiles roulées précautionneusement dans leur étui, une valise posée plus loin, prêt à devenir, le temps d'un long week-end, un peintre à part entière.

Et elle ? Qui s'autoriserait-elle à être loin de chez elle ?

Elle leva les yeux. Sylvain la regardait en souriant. Elle lui sourit à son tour et avança la main pour lui caresser la joue, doucement, en se jurant de toujours se souvenir du contact de ses doigts sur la barbe naissante et de ce sentiment de folle liberté qui l'arrachait temporairement à ses responsabilités.

Maëva quitta la maison à huit heures quinze. Elle se dirigea vers le collège, prenant garde à ne rien changer à ses habitudes. C'était probablement une précaution superflue: ses deux parents étaient partis bien avant elle, et aucun n'allait rentrer précipitamment ni la suivre dans la rue. Malgré tout, son cœur battait trop vite, comme si elle risquait à tout moment d'être confondue.

Ritchie l'attendait un peu en retrait de la foule d'élèves postés devant la grille encore fermée. Elle tomba dans ses bras avec un mélange de soulagement et d'appréhension, puis elle le tira brusquement pour l'entraîner derrière elle.

– Viens, on se tire d'ici.

Ils pressèrent le pas en direction du parc de la Tour. Maëva avait prévu de patienter au moins une heure, car alors le train de sa mère serait parti, et son père serait déjà arrivé à Paris, ce qui écartait le risque de les voir faire demi-tour.

Elle avançait en tenant Ritchie par la main, le visage figé par une détermination qui, paradoxalement, la faisait paraître fragile. Il la suivait docilement. Légèrement en retrait derrière elle, il observait sa silhouette, ses jambes fuselées, ses fesses rondes, extraordinaires, qui bientôt s'offriraient entièrement à lui.

– Tu trembles, dit Maëva sans se retourner.

– Il fait froid, répondit-il.

Préoccupée, Maëva sortit son téléphone de sa poche et regarda l'écran noir.

– Qu'est-ce que tu fais ? s'étonna Ritchie.

– Il faut appeler le collège pour prévenir de mon absence. Je dirai que je suis malade. Sinon ils vont téléphoner à mes parents.

– Toi tu vas appeler ? Mais t'es folle ? Tu vas te faire griller !

– Mais non. Tu vas voir.

Décidée, elle prit une profonde inspiration, trouva le numéro du collège préalablement enregistré, appuya sur le bouton en faisant les cent pas. Elle se présenta comme sa mère, s'interrompit, leva les yeux au ciel en direction de Ritchie pour montrer son impatience, se présenta de nouveau à un second interlocuteur avant d'annoncer, la voix étonnamment grave, posée, l'élocution plus lente que d'ordinaire, que sa fille Maëva était souffrante ce matin, sans doute un petit virus, oui, voilà, elle resterait donc à la maison un jour ou deux, deux probablement, pour revenir en pleine forme après le week-end, oui, merci beaucoup, au revoir.

Dès qu'elle eut raccroché, Ritchie et elle éclatèrent de rire en tombant dans les bras l'un de l'autre, espiègles comme deux enfants farceurs, heureux comme des amoureux.

Quand l'heure fut venue, ils redescendirent la Grande Rue jusqu'au quartier pavillonnaire où habitait Maëva et, comme des voleurs, ils s'introduisirent le plus silencieusement possible dans la maison.

Ritchie observa l'entrée où traînaient encore quelques paires de chaussures, le grand salon, mieux rangé, puis il leva les yeux vers l'escalier qui menait aux chambres.

– Viens, je vais te montrer le reste, fit Maëva en l'emmenant vers le jardin.

Ils en firent le tour, admirèrent le cerisier du Japon déjà couvert de bourgeons, regardèrent l'atelier d'Élisabeth de loin et enfin, ils montèrent. Ce matin-là, elle avait fait son lit, ce qui n'arrivait pour ainsi dire jamais. Quand Élisabeth lui demandait de tout laisser en ordre le matin avant de partir à l'école, Maëva se moquait d'elle et elle l'interrogeait : à quoi cela pouvait bien servir de faire, le matin, le lit qu'on allait défaire le soir ? Mais cette fois, la couette était tirée, l'oreiller bien positionné, et Maëva avait même ramassé, tapoté et disposé sur le matelas les coussins qui d'ordinaire restaient éparpillés sur le sol.

Elle ferma la porte derrière Ritchie une fois qu'ils furent entrés tous les deux, et ils demeurèrent face à face, gauches soudain, intimidés. Puis Ritchie bondit sur Maëva si vite qu'elle poussa un cri en tombant sur le lit, il fit taire ses résistances par des baisers d'abord fougueux, puis plus lents et profonds. Et elle se détendit pour finalement s'abandonner aux caresses dans sa chambre de petite fille.

*

La météo avait annoncé un jeudi pluvieux, mais à leur arrivée il faisait beau. La salle où ils exposeraient se situait sur l'avenue en bord de mer. Ils auraient le temps de se promener sur la plage, ce qui réjouissait Élisabeth. Mais d'abord, il fallait déposer leurs affaires.

Sylvain avait réservé une charmante chambre d'hôte avec une entrée indépendante et une grande terrasse qui donnait sur un jardin parfaitement entretenu. La propriétaire se montra aux petits soins avec eux. Des artistes, comme c'était intéressant ! Elle était ravie de les accueillir et, bien sûr, elle irait voir l'exposition.

L'inauguration était prévue le soir même. Ils se hâtèrent pour se rendre sur les lieux, rencontrèrent les responsables et, assistés du personnel, installèrent leurs œuvres.

Voir ses toiles exposées, avec son nom écrit en grosses lettres noires sur fond blanc, parut extraordinaire à Élisabeth. Elle était folle de joie, mais luttait en même temps contre un sentiment d'imposture persistant.

Les tableaux de Sylvain, eux, étaient splendides. Ils avaient cette précision et cette originalité qui sont indéniablement la marque des grands. À la tendresse qu'elle ressentait pour lui s'ajoutait une réelle admiration.

Une fois l'exposition prête, elle en fit le tour, découvrit les œuvres des autres artistes, échangea avec quelques-uns d'entre eux, enchantée de fréquenter ce milieu dans lequel elle se reconnaissait complètement. Beaucoup la complimentèrent, en particulier pour le tableau qui représentait l'oiseau en plein envol dans lequel ils voyaient, de manière presque unanime, une libération ainsi qu'un formidable élan d'espoir.

Deux heures avant l'inauguration, tout était fin prêt et comme ils avaient un peu de temps devant eux, Sylvain et Élisabeth s'éclipsèrent.

Mars touchait à sa fin, le sable était humide et le vent glacial, mais la première chose que fit Élisabeth fut d'enlever ses chaussures et de se mettre à courir.

– Je sens que tu vas être malade ! Ça va être le week-end le plus réussi du monde, plaisanta Sylvain.

Elle ignora sa mise en garde, avança seule vers les vagues agitées qui venaient frapper le rivage et, le visage fouetté par les puissantes rafales de l'Atlantique, elle sourit à l'horizon grisâtre.

La soirée fut parfaite. Quand ils se couchèrent, il était déjà tard. Mais les corps affolés ne se soucient pas de l'heure. Quel que soit le moment du jour ou de la nuit, ils s'accueillent mutuellement avec une exultation toujours identique. Pourtant, Élisabeth et Sylvain savaient, eux, ce que représentaient les gestes du soir, le brossage de dents dans la même salle de bains, le dernier coup de peigne sur les longs cheveux détachés, la chambre plongée dans l'obscurité une fois la lumière éteinte. Ils savaient ce que disaient le sommeil profond, la respiration lente et les rêves nés au creux de la chaleur de l'autre. L'intimité réelle était là, en dépit des convenances, dans cette nuit arrachée au quotidien, et cela les intimida presque, mais quelques instants seulement, car les craintes ne résistèrent pas à l'euphorie, ni au tourbillon qui rend la liberté si enivrante.

Le vendredi, Ritchie et Maëva rejouèrent presque la même scène que la veille, depuis le rendez-vous matinal jusqu'à l'arrivée dans la maison.

La première journée ensemble, dans le secret de la chambre de la jeune fille, avait été merveilleuse pour tous les deux, entre caresses et expérimentations. Ritchie n'avait pas essayé d'aller trop loin et Maëva, qui en réalité était terrifiée à l'idée de faire l'amour, s'en trouva soulagée. C'est rassurée qu'elle referma sur eux, ce deuxième jour, la porte qui les isolait du monde extérieur. Et ce fut comme la première fois, une espèce de danse, magique, presque mystique, où tous les gestes, même les plus maladroits, semblaient graciles, faciles, naturels. Presque nus, ils envisageaient toutes les possibilités, se retenaient pour certaines, se laissaient aller à d'autres, apprivoisant les soupirs et les gémissements dans un mélange de pudeur et d'audace.

– Je suis désolée, finit par dire Maëva à un Ritchie ravi qui ne comprenait pas de quoi elle pouvait bien s'excuser.

– Mais non, qu'est-ce que tu racontes ? On ne fera que ce que tu voudras.

Il lui caressa le visage lentement et, tout en la regardant, il sentait grossir une boule dans sa gorge. Elle semblait si fragile, si petite entre ses bras ! Il ne reconnaissait rien de ses premiers frissons dans ce qu'elle faisait naître en lui. C'était un sentiment troublant, presque triste. Tout en elle était différent de Fatou : ses cheveux, sa peau, son odeur, sa candeur de princesse préservée par la vie. Son ignorance de la cruauté du monde rendait Ritchie, par contraste, aussi vieux que la souffrance elle-même. Il ferma les yeux dans un soupir ému et ne les rouvrit qu'au moment où Maëva entreprit de couvrir son cou de baisers.

*

Stéphane était assis à son bureau, s'efforçant de retrouver un fichier indispensable à la présentation qu'il devrait faire dix minutes plus tard, lorsque son téléphone vibra. Il l'ignora, concentré sur sa recherche, et stressé à l'idée de prendre la parole en public sans l'aide de ce document. Il regarderait ses messages après la réunion.

Il était déjà en retard lorsque l'on vint le chercher. Son chef, qui avait d'autres obligations en fin de matinée, commençait à s'impatienter.

– J'arrive ! promit Stéphane.

Dans un geste presque désespéré, il brancha une vieille clé USB sur son ordinateur, dont il était certain d'avoir depuis longtemps transféré le contenu. Il parcourut la liste des fichiers, déjà presque debout, et il y trouva miraculeusement ce qu'il cherchait. Dans une version incomplète, certes, mais cela ferait l'affaire. Soulagé, il se leva, attrapa son téléphone et le rangea dans sa poche sans y jeter un regard, tandis qu'il se dirigeait vers la salle de réunion.

Comme toujours, il se sentit convaincant et sûr de lui. Stéphane était de ceux qui aimaient parler en public, glisser un trait d'humour pour capter l'attention de l'auditoire. C'était ainsi que Carla l'avait remarqué. Elle travaillait dans un autre service, mais ce jour-là, il y avait si longtemps désormais, elle avait été conviée à une réunion lors de laquelle il devait prendre la parole. L'une de ses blagues avait arraché un sourire à la jeune femme, et dès lors elle avait semblé captivée. Il avait beau observer toute l'assemblée, Stéphane revenait toujours à elle, à son sourire à la fois charmé et séducteur, et à ses yeux dont l'intense profondeur, déjà, annonçait le pouvoir qu'elle aurait de lui faire perdre la tête.

Ce n'était rien alors qu'un frisson, une intuition, mais les regards échangés suffisaient à faire pressentir le bouleversement à venir, si seulement ils s'approchaient l'un de l'autre, si seulement ils osaient se toucher. Et cette prémonition, au lieu de les effrayer, agissait comme le plus redoutable des aimants.

La réunion terminée, Stéphane regagna son bureau sans se défaire de ses souvenirs, et sans regarder non plus son téléphone, resté dans sa poche. Il en avait même oublié le message reçu en début de matinée, dont il n'avait toujours pas pris connaissance.

Que pouvait bien devenir Carla ? Comment était-ce possible qu'après avoir mis un terme à leur relation, avoir cessé de la voir, de lui parler, après avoir laissé glisser tous ces mois et ces années, l'oubli tant espéré n'ait pas fait son œuvre ? Pourquoi vivait-il encore obsédé par ce souvenir et le portait-il en lui chaque jour ? Car il y pensait tous les matins, tous les soirs et, même quand il croyait qu'il n'y songeait plus, son prénom surgissait brutalement, comme scandé par une voix incontrôlable. Carla. *Ma Carla.* Mais cela faisait huit ans désormais. Plus rien n'était pareil. Les cheveux de Stéphane s'étaient parsemés de touches grises et le contour de ses yeux s'était creusé de rides, sa silhouette s'alourdissait progressivement d'une bedaine de plus en plus visible, il avait changé de maison, changé de ville, de vie, c'était une manière de renouveler ses engagements avec Élisabeth et de tourner la page. Il avait fait tout cela, patiemment, et quoi ? Il suffisait d'un instant de distraction, de relâchement, pour que sa voix intérieure, indocile, lui crie la seule vérité dont il était certain et que, de toutes ses forces, il avait niée : Carla. *Ma Carla.*

Et elle ? Avançait-elle aussi dans un temps étirable à la manière d'un élastique qui, sans cesse, la ramenait au moment où leurs chemins s'étaient séparés ? Il l'imaginait, comme lui, hantée par de vieux fantômes qui lui murmuraient obstinément son prénom à lui, Stéphane, Stéphane, plusieurs fois de suite, au réveil, au coucher, au feu rouge, *Stéphane*, exactement comme lui l'entendait, Carla, ma Carla, dans un concert chanté par des spectres indélogeables qui, peut-être, se parlaient et continuaient inlassablement de s'appeler à travers le temps qui passe.

Sans réfléchir, il écrivit son nom dans la barre de recherches Google. Il l'avait fait de nombreuses fois, au début, avant de se l'interdire.

Aussitôt, une longue liste de résultats s'afficha. Certains concernaient une autre Carla, un homonyme dont le visage souriant ne provoquait aucun tremblement chez Stéphane. Et puis il finit par la trouver. Sut où elle travaillait. S'étonna du poste qu'elle occupait, différent de celui qui était le sien à l'époque et qui témoignait d'un parcours professionnel honorable. Puis il cliqua sur son profil Facebook et découvrit la photo d'une Carla éblouissante, aux traits peut-être un peu plus marqués, c'est vrai, mais c'était bien elle. Il reconnaissait, tout au fond de ses yeux, la lueur d'une âme avec laquelle il était persuadé d'être lié depuis la nuit des temps. Carla. *Ma Carla.*

Il l'avait rêvée constamment depuis qu'elle avait disparu de son existence. Et maintenant elle était là, à portée de clic, si accessible soudain. Stéphane regarda longuement les icônes « ajouter », « envoyer un message » et se demanda : pourquoi pas ? Qu'est-ce que cela ferait, s'il lui disait juste bonjour, s'il prenait de ses nouvelles ? Il utiliserait un ton neutre, un peu impersonnel, comme avec tous les anciens copains croisés par hasard. Pour elle, c'était peut-être ce qu'il était désormais, une vieille connaissance enfouie sous des pelletées d'indifférence. Reprendre contact avait-il encore un sens ?

La main de Stéphane tremblait sur la souris. Il était sur le point d'appuyer sur le bouton virtuel qui avait l'extraordinaire pouvoir de le faire ressurgir dans la vie de Carla lorsque Mathieu, son collègue, fit irruption dans son bureau.

– On va déjeuner ? lança-t-il.

Stéphane sursauta. Il lui fallut quelques secondes pour sortir de sa rêverie avant de hocher la tête.

– Laisse-moi juste une minute.

– Très bien. On t'attend en bas avec le reste de l'équipe.

De nouveau seul, il respira profondément, regarda encore le nom de Carla sur son écran, puis il éteignit son ordinateur.

– Ma mère est folle, dit Maëva au milieu d'un silence.

Ritchie se figea, se demandant ce qu'il pouvait bien répondre à cela. Maëva se tut de nouveau quelques instants.

– On est venus habiter là à cause de ça, tu sais ? poursuivit-elle. D'abord, elle s'est mise à vomir tout le temps. J'étais petite, je ne sais même pas si je me souviens d'elle autrement que puant le vomi. Et mon père a voulu lui faire plaisir en achetant cette maison. Avec l'atelier que je t'ai montré, au fond du jardin. Pour qu'elle puisse peindre. C'est devenu son truc. Un jour, elle a arrêté de travailler, on est venus habiter ici, et maintenant elle fait comme si la peinture était la chose la plus sérieuse du monde. En vrai, ça fait pitié.

Ritchie se mit à embrasser ses cheveux, juste sur le sommet du crâne.

Si encore la peinture avait réglé tous les problèmes ! continua Maëva. Mais non, pas du tout, elle l'avait entendu vomir aux toilettes encore récemment, et quand elle était avec eux le soir, c'était comme si elle était absente. Elle ressemblait à un robot. Un putain de robot sans âme.

– Et ton père ? demanda Ritchie.

– Oh, mon père… fit Maëva en haussant les épaules. Il travaille tout le temps, se plaint des transports. Il ne fait que ça, en fait. Le RER. Les retards de RER. Les grèves de RER. Et ma mère répond en parlant des oiseaux qu'elle peint. Et après on dit que c'est moi qui fais la gueule sans arrêt et qui refuse d'avoir des conversations avec eux.

Elle éclata de rire avec amertume.

– Moi, ma mère est morte, dit Ritchie. Et mon frère aussi. Ils se sont noyés tous les deux pendant notre voyage pour venir en France. Il y a eu une tempête.

Maëva se redressa sur le lit, choquée.

– C'est vrai ? Quelle horreur !

Que pouvait-il lui dire d'autre ? Comment lui faire comprendre le bruit explosif des vagues qui s'abattaient sur la coque du bateau et qu'il entendait encore si souvent, les cris et les pleurs étouffés par les murs d'eau ? En superposition de ces souvenirs soudain si réels, il voyait le visage effaré de Maëva qui le fixait. Alors quelque chose céda en lui, et il se mit à lui raconter, ce qu'il s'était juré de ne jamais faire. L'Afrique. Les villages aux alentours qui, comme le sien, se vidaient inexorablement. La mort de son père qui avait tout précipité. L'horrible voyage jusqu'en Libye. Le vieux rafiot où on les avait entassés comme du bétail qui, une fois le passage chèrement payé, pouvait bien périr englouti par la Méditerranée.

Puis il s'arrêta, incapable de poursuivre. Les camps pour migrants, les centres espagnols, les foyers français, il les dévoilerait plus tard, pour ne pas devenir à ses yeux le représentant d'une misère qui n'est supportable que tant qu'elle demeure à distance.

– Et comment tu as retrouvé ta tante ?

– Ma tante ? Quelle tante ?

– Tu m'as dit que tu vivais chez ta tante...

Ritchie baissa la tête. Il allait devoir lui avouer qu'il avait menti.

– Ce n'est pas tante... mais je l'appelle tata, hein ! ajouta-t-il d'un ton faussement enjoué. En réalité c'est une famille d'accueil. J'ai beaucoup de chance. C'est tellement mieux que les foyers. Au foyer c'était... c'était plus difficile.

Il osa croiser son regard. Les yeux de Maëva étaient emplis de larmes. Sa sincérité le toucha, et il se sentit plus amoureux que jamais. Peut-être qu'il était là, l'aboutissement du parcours, dans ce regard compatissant qui lui donnait l'impression d'avoir enfin trouvé sa place.

*

Ce n'est qu'après le déjeuner que Stéphane consulta ses messages. Il ne connaissait pas le numéro qui lui avait envoyé un SMS quelques heures plus tôt. Il appuya sur l'enveloppe pour en lire le contenu : « Maëva a été absente le 22/03 à 8 h 30. Merci de nous contacter au plus vite afin de régulariser cette absence. »

Une bouffée d'inquiétude l'envahit. Maëva n'était pas allée en cours ? Mais pourquoi ? Lui était-il arrivé quelque chose ?

Aussitôt, il chercha le numéro du collège dans son répertoire. Téléphona. Demanda avec une impatience non dissimulée à être mis en relation avec la vie scolaire qui gérait les absences. On lui confirma que Maëva avait été absente toute la journée, avant d'ajouter que cela avait déjà été le cas la veille.

– Mais hier, vous nous avez appelés. Nous avons donc considéré que l'absence était régularisée. Aujourd'hui, en revanche, nous n'avons pas été prévenus, et dans ce cas les SMS sont envoyés automatiquement aux familles.

La veille au dîner, Maëva lui avait pourtant raconté sa journée de cours, en insistant sur le prof de maths qu'elle n'appréciait décidément pas, et avait glissé quelques anecdotes concernant un groupe d'adolescents dont il ne parvenait jamais à retenir le nom.

– L'absence d'hier a été régularisée par téléphone, vous dites ? Mais par qui ?

– Par sa maman. Elle a appelé dès huit heures trente.

Stéphane transpirait franchement désormais. Sans lâcher le téléphone, il se leva pour ouvrir la fenêtre.

– Vous êtes sûr ?

– Absolument, monsieur. C'est moi qui ai pris l'appel.

– Merci. Je vous souhaite une bonne fin de journée, conclut Stéphane avant de raccrocher.

Puis il rangea ses affaires à la hâte et se leva pour partir.

Élisabeth riait aux éclats. Elle avait marché avec Sylvain jusqu'au bout de la longue estacade qui s'avançait de quatre cents mètres dans l'océan. Il s'était ensuite placé derrière elle, lui avait relevé et écarté les bras puis, collé à son dos, il s'était écrié, dans un même mouvement : « Nous sommes les rois du monde ! » Une grosse vague les avait éclaboussés exactement à cet instant-là. Et elle riait, ignorant autant le froid qui s'insinuait sous ses vêtements que le vieux pêcheur qui les regardait d'un œil torve. Elle entreprit de se dégager de l'étreinte de Sylvain lorsqu'elle sentit son portable vibrer dans sa poche.

– Je dois répondre. Allô ? fit-elle en s'éloignant de quelques pas.

Sylvain devina, à la crispation de son corps et à son ton fermé, qu'il s'agissait de Stéphane. Un coup de téléphone de Maëva n'aurait pas eu cet effet sur elle. Il se raidit à son tour tout en essayant de garder un air désinvolte. Il saisit quelques bribes de conversation, sentit la préoccupation d'Élisabeth et s'empressa d'aller aux nouvelles dès qu'elle eut raccroché.

– Maëva n'est pas allée au collège ce matin. Et apparemment, hier non plus. On pense que j'ai appelé hier matin pour prévenir qu'elle était malade, mais bien sûr, ce n'est pas le cas !

– Tu es inquiète ?

– Évidemment que je suis inquiète ! Je ne sais pas où est ma fille !

Peut-être en train de faire une énième connerie, se dit Sylvain avec amertume. Ou de harceler un pauvre gosse en dehors de l'école.

Bien entendu, il ne dit rien. Au contraire, il fit de son mieux pour se montrer rassurant et la calmer.

– Je ne sais pas ce qu'elle est en train de faire en ce moment, mais si elle a téléphoné au collège en se faisant passer pour toi c'est que son escapade était préméditée. Donc elle fait sûrement des conneries, mais il est peu probable qu'elle ait eu un accident ou ait été kidnappée. Ne t'en fais pas, elle va bien. Tu régleras ça avec elle.

Élisabeth n'était pas aussi convaincue. Elle saisit bien vite son téléphone et se détourna de lui à nouveau. Quelques instants plus tard, elle était de retour, affolée.

– Elle ne répond pas ! Pourquoi elle ne répond pas ?

Il y avait des accents de panique dans sa voix.

Sylvain repensa à ces fois où il avait cherché Maxence partout dans le quartier avant de recevoir, presque au bord de l'évanouissement, un appel de la police lui annonçant qu'on l'avait localisé. Son fils lui manquait terriblement. L'enfermement dans le centre lui faisait-il du bien ? Avait-il réellement sa place au milieu de gamins encore plus paumés que lui ?

Élisabeth était presque en pleurs. Il l'entoura de ses bras et l'entraîna vers la plage.

– Viens, on va arranger ça. Ne t'inquiète pas.

Elle avançait en titubant, et tout en la soutenant il se demanda ce qui, de la violence des bourrasques ou de l'amour maternel, la faisait le plus chanceler.

*

Quand elle l'entendit vibrer, Maëva saisit son téléphone puis le jeta avec exaspération sur le lit.

– C'est ma mère, expliqua-t-elle à Ritchie.

– Et tu ne lui réponds pas ?

Elle sourit en avançant vers lui à la manière d'un chat, à quatre pattes sur le matelas.

– Non. Surtout pas ! Maintenant je profite de nos moments ensemble. Je lui parlerai ce soir.

Il était quinze heures. Ritchie devait repartir à dix-sept heures au moment où les cours se terminaient. Maëva se jeta dans ses bras et ils oublièrent ses parents ainsi que le monde extérieur.

Ils somnolaient lorsque Stéphane entra dans la maison. Ils n'entendirent pas le claquement de la porte. Ce n'est qu'au moment où les pas sourds résonnèrent dans l'escalier que Maëva tressaillit et se redressa d'un bond. Ritchie mit trois secondes de plus pour ouvrir les yeux, et la première chose qu'il vit fut Stéphane, le visage déformé par la colère, qui fonçait sur lui.

– Papa ! hurla Maëva.

Mais Stéphane n'entendait rien. Il se jeta sur Ritchie, essaya de le saisir pour le jeter hors du lit, mais en l'absence de vêtements, il ne trouva aucune prise et finit par l'attraper par le bras pour le sortir de là.

Immédiatement, Ritchie se débattit, avant de percevoir la terreur dans le regard de Maëva. Répondre par la violence serait sans doute la pire chose à faire. Il cessa d'opposer toute résistance, se contentant de se protéger avec ses mains. Un coup de poing lui fendit malgré tout la lèvre, et lui, le géant, se retrouva recroquevillé dans un coin de la pièce, le bas du visage ensanglanté tandis que Maëva, en larmes, suppliait son père de se calmer.

– Qu'est-ce que c'est que ce cirque ? Mais enfin, Maëva, qu'est-ce que c'est que ça ? hurla Stéphane.

Elle continuait à sangloter tout en se cachant derrière le drap. Le regard de Stéphane alla de sa fille à Ritchie, avant de revenir sur Maëva. Il prit conscience de leur nudité, devina la tiédeur du matelas, crut défaillir à la pensée de ce qu'ils avaient pu y faire et, le visage exsangue, il laissa échapper un « Mon Dieu… » dans un murmure abattu.

– Dégage de là, fit-il à Ritchie.

Le jeune homme se hâta de rassembler ses affaires, enfila son pantalon tout en surveillant Stéphane du coin de l'œil.

– Vite ! hurla celui-ci alors que Ritchie mettait ses chaussettes.

Maëva sanglotait sur le lit, toujours enveloppée du drap. Tout à son humiliation, elle ne le vit pas détaler, encore débraillé. Ce fut sur le trottoir qu'il acheva de lacer ses baskets. Il jeta un dernier regard à la façade de la maison, imposante, et vers la fenêtre de la chambre de Maëva, puis il s'éloigna à contrecœur.

TROISIÈME TRIMESTRE

– Je croyais que c'était fini depuis longtemps ! Je lui avais interdit de le revoir ! hurlait Stéphane tandis qu'il racontait à Élisabeth ce qui s'était passé en son absence.

Elle avait pris le train le samedi matin, soit deux jours plus tôt que prévu. Sylvain avait d'abord envisagé de l'accompagner, avant de se raviser. Devait-il renoncer à ses activités pour offrir son soutien à une femme qui l'abandonnerait à la gare dès leur arrivée pour rejoindre son mari ? Et que ferait-il ensuite ? Il remettrait ses tableaux à leur place et retournerait à sa solitude ? Non. Il resterait tout le week-end, comme prévu.

Quand Élisabeth avait quitté la chambre, il lui avait dit au revoir d'un air faussement détaché. Le trajet du retour avait été terriblement long et triste. Elle retrouva la maison telle qu'elle l'avait laissée, et une fois la porte refermée ce fut comme si son escapade n'avait été qu'un rêve.

– Tu l'aurais vu, continuait Stéphane, ce grand type, immense, cet homme couché dans le lit de notre fille… J'aurais dû le tuer.

Et il poursuivit longtemps sa diatribe haineuse, oui, il

aurait dû le tuer de ses propres mains, Maëva n'avait que quinze ans, quelle horreur, il aurait vraiment dû.

– Arrête, Stéphane, finit par lui dire Élisabeth. Tu tournes en rond. Et puis c'est un gosse, Maëva nous l'a dit. Il a quinze ans.

– Un gosse ? Un gosse ! s'écria-t-il, incrédule. Non mais tu délires ! Va le voir, Élisabeth, ce type n'a rien d'un gosse ! Ce type est adulte ! Il a plus de vingt ans, ça se voit comme le nez au milieu de la figure ! Un gosse ! Non mais je rêve… Un imposteur, oui ! Qui a pu autoriser un truc pareil, mettre ce… ce… pédophile dans un collège avec des enfants ! Avec des petites filles !

Élisabeth ne se rappelait pas l'avoir déjà vu dans un tel état de nervosité. Elle l'observa qui s'agitait, des gouttes de sueur accumulées sur les tempes, dont certaines avaient commencé à ruisseler vers la mâchoire, et elle eut presque peur de lui.

– Je vais voir Maëva, dit-elle en se levant.

Stéphane hocha la tête et détourna le regard, toujours incapable de gérer sa colère.

– Tu me laisses entrer ? demanda Élisabeth en frappant à la porte de sa fille.

Elle n'entendit rien. À la deuxième tentative, Maëva l'invita à la rejoindre d'une voix à peine audible.

Elle avait les yeux affreusement rouges et gonflés. Les cheveux ébouriffés paraissaient ne pas avoir été coiffés depuis des jours.

– Ma chérie…, murmura Élisabeth en s'asseyant sur le bord du lit.

Elle tendit une main vers elle. Maëva eut un mouvement de recul, bref mais parfaitement perceptible.

– Maëva, quel âge a Ritchie ? lui demanda-t-elle.

– Ben, quinze ans, fit la jeune fille avec un haussement d'épaules. Presque seize.

– Ton père… euh… ton père dit qu'il semble plus vieux…

Ouais, il paraît. Tout le monde lui fait la remarque, mais non, je t'assure, il a quinze ans. Est-ce que c'est de sa faute s'il est si grand ?

Élisabeth acquiesça avec un sentiment de honte. Évidemment qu'il avait quinze ans.

– Tu es amoureuse de lui ?

Maëva baissa la tête, décidée à ne rien dévoiler.

– Est-ce que vous avez… enfin… est-ce que tu… ? insista Élisabeth en posant une main sur l'épaule de sa fille.

Aussitôt, celle-ci éclata en sanglots. Élisabeth sentit son cœur se serrer, rétrécir sous l'effet du choc de ne pas avoir vu grandir son enfant. Elle se revoyait, enceinte, euphorique, obnubilée par les préparatifs, le choix du berceau, de la poussette, tout était alors source de joie.

La naissance de Maëva avait été décidée à l'avance sur un calendrier, à l'initiative d'un obstétricien qui préférait programmer une césarienne plutôt que de faire face, dans de mauvaises conditions, à des complications imprévues. Dans la mesure où Élisabeth faisait de l'hypertension en fin de grossesse, le risque était réel. C'était mieux ainsi.

La petite était arrivée comme ça, sans la moindre souffrance, grâce à un coup de scalpel, après quoi elle avait dormi douze heures d'affilée. Des jours durant, elle exhala une odeur de nouveau-né très prononcée. Stéphane affirmait ne rien remarquer mais Élisabeth la reniflait sans arrêt, sur la tête, dans les plis du cou, des genoux, partout. Elle en était sûre, elle l'aurait reconnue n'importe où, même sans la voir, au milieu de mille bébés inconnus, rien qu'en approchant le nez de sa fine peau rose. Et ses cheveux si doux, la chaleur de son crâne dans le creux de sa main… Les choses semblaient tellement simples alors, elle était une mère, et sa préoccupation essentielle était de nourrir son enfant. Tous les autres tracas lui paraissaient secondaires et inconsistants. Quand vraiment il fallait s'y intéresser, elle laissait Stéphane le faire. Élisabeth ne vivait que pour Maëva et à travers elle. Son premier sourire, sa première dent, sa première bosse. Ses premiers pas, dans la cour de leur merveilleuse maison parisienne. Comme tout cela lui semblait loin désormais ! Elle devait presque se forcer pour se souvenir, tant la jeune fille en face d'elle était différente de l'enfant dont Élisabeth avait la nostalgie.

– Non, on n'a rien fait de ce que tu crois, lâcha Maëva sans regarder sa mère. On est juste restés là tous les deux.

Élisabeth se sentit soulagée, mais elle dut malgré tout réprimander sa fille. Elle leur avait *menti*. Ils la croyaient au collège. Et elle… elle avait séché les cours et elle était venue là, avec ce garçon. C'était grave. Très grave.

Au moment où elle prononçait ces mots, elle se vit retrouver Sylvain sur le quai de la gare, s'engouffrer avec lui dans le train, rire aux éclats, jouir dans ses bras pendant que tout le monde l'imaginait seule, absorbée par des activités exclusivement artistiques. C'était grave. Très grave ?

– Pourquoi papa n'essaie même pas de le connaître ? Il le déteste depuis qu'il l'a vu la première fois ! Il m'a interdit de le revoir, mais on est dans la même classe. C'est idiot, puisqu'on se voit tous les jours. Pourquoi il réagit comme ça ?

– Ma puce. C'est dur pour lui d'accepter que tu grandisses. Ce garçon, il le voit comme une menace. Pour toi. Pour lui.

Alors il veut l'éloigner, comme il a toujours éloigné toutes les menaces autour de toi.

Cela ne consolait pas Maëva qui, si elle séchait peu à peu ses larmes, affichait toujours une mine boudeuse.

– C'est débile. Il a inventé un personnage monstrueux, mais ce n'est pas la vérité. Ce n'est pas Ritchie.

Alors elle lui raconta l'histoire du garçon, du moins ce qu'elle en savait, depuis le départ vers l'Europe à l'âge de treize ans, après la mort de son père, la tempête qui avait coûté la vie à ce qui lui restait de famille et la prise en charge par les services sociaux français quelque temps après son arrivée.

– Tu veux dire qu'il est tout seul ici ? demanda Élisabeth, choquée.

– Maman, fit Maëva, Ritchie n'est pas juste tout seul *ici*. Il est tout seul *partout*. Il est seul au monde.

Élisabeth regarda sa fille puis, lentement, elle hocha la tête pour lui signifier qu'elle avait compris.

Stéphane ne voulut rien entendre. Élisabeth eut beau lui expliquer, encore et encore, de toutes les manières possibles, il ne décolérait pas. Bien au contraire, sa fureur ne cessait d'augmenter.

– Un migrant ? En plus de tout le reste ? Un migrant sans papiers qui ment sur son âge, fait croire qu'il est mineur pour extorquer l'aide publique et agresser sexuellement les petites filles ? Et toi tu le défends ?

– Stéphane, Maëva n'est plus une petite fille. Elle a presque quinze ans. Elle est amoureuse ! Qu'est-ce que tu racontes ? Tu ne peux pas essayer de mettre deux secondes ton instinct de père de côté pour réfléchir à la situation de manière objective ?

Stéphane se frotta les yeux dans une grimace, entre colère et dégoût.

– On en reparlera quand tu l'auras vu. Rencontre ce garçon, s'il te plaît. Et après on aura une conversation rationnelle. Tu verras.

Il attrapa son manteau.

– Où vas-tu ? tenta de savoir Élisabeth.

– Au collège, répondit-il. J'ai rendez-vous.

La porte d'entrée claqua derrière lui avant qu'Élisabeth ne réagisse. Abasourdie, il lui fallut quelques minutes pour sentir l'indignation prendre le dessus sur la surprise. Comment Stéphane avait-il pu ne pas l'associer à cet entretien au collège de leur fille ? Il l'avait toujours laissée s'occuper de tout, les corvées, les réunions, les rendez-vous avec les enseignants, et maintenant que quelque chose de plus sérieux se produisait il décidait de faire cavalier seul ?

La colère lui serra le ventre. Une douleur vive la plia presque en deux, comme si des crochets lui broyaient les entrailles. Elle porta instinctivement la main à son abdomen, la descendit presque jusqu'au pubis comme pour contrôler l'élancement, grimaça sous l'effet de la souffrance puis, lorsque celle-ci s'estompa, elle se recentra sur le sujet qui la préoccupait. Stéphane avait raison sur un point : elle devait rencontrer Ritchie.

*

Quelque temps plus tard, sans rien dire à personne, Stéphane prit deux jours de congé.

Le premier, il se rendit à la préfecture de son département. Subit sans sourciller une attente interminable. Raconta la même histoire à plusieurs interlocuteurs successifs jusqu'à ce que l'un d'eux se montre particulièrement intéressé. Il donna tous les renseignements dont il disposait : nom et prénom de l'individu concerné, les suspicions qu'il nourrissait à son égard. L'autre, en face, notait tout.

Puis il le rassura : non, Stéphane n'inventait rien d'invraisemblable. Les jeunes migrants clandestins qui mentent sur leur âge sont légion. Mineurs, ils sont protégés par l'État français, scolarisés, pris en charge. Majeurs, ils n'ont droit à rien et sont expulsables. Forcément, ça change tout. C'était tentant de faire quelques arrangements avec l'état civil et falsifier des documents dont personne, de toute façon, n'était en mesure d'attester l'authenticité. Il allait transmettre toutes les précieuses informations recueillies au juge qui s'occupait du dossier du jeune signalé. C'est lui qui déciderait s'il y avait lieu de mener plus loin les investigations.

Stéphane, soulagé d'avoir enfin été entendu, serra la main de l'agent préfectoral avec une sincère gratitude.

Le deuxième jour, après huit ans sans le moindre contact avec elle, il alla revoir Carla.

Tandis que Stéphane attendait son tour à la préfecture, Élisabeth fit la connaissance de Ritchie.

Elle passa les prendre à la sortie du collège, le mercredi midi, pour les emmener au McDonald's situé à proximité. Quand le flot d'élèves commença à se déverser dans la rue, elle scruta chaque silhouette pour y chercher sa fille. Elle savait qu'elle serait accompagnée d'un grand jeune homme, mais elle sursauta malgré tout en voyant Ritchie pour la première fois, qui dépassait presque tous les autres. Elle l'imagina dans le lit de Maëva, contre elle, et comprit instantanément la furie de Stéphane, qu'elle avait toujours jugée exagérée avant cela.

Elle fit taire ses doutes, sortit de la voiture, le salua comme si de rien n'était et l'invita à monter. Maëva s'installa à l'avant, à côté de sa mère, tandis que Ritchie prit place à l'arrière. Sur la banquette, ses genoux repliés lui touchaient presque le menton. Mais combien mesurait-il, au juste ?

Arrivés au fast-food, ils passèrent la commande après avoir supporté une queue immense et profitèrent de la douceur printanière et du beau soleil d'avril en investissant une table extérieure. Chacun masquait sa gêne de son mieux, Ritchie se concentrait sur la nourriture, Maëva parlait à sa mère de sujets futiles comme pour empêcher toute autre conversation et parfois, surpris par une pause subite, ils se souriaient maladroitement, le silence rythmé par le bruit de mastication.

– Bon, Ritchie, se lança Élisabeth. Parle-moi de toi.

Elle dut se forcer pour le tutoyer. Il rit, dévoilant des dents parfaites, et secoua la tête.

– J'ai rien à dire, moi, madame. Posez-moi des questions si vous voulez. Qu'est-ce que vous voulez savoir ?

Elle lui demanda sa date de naissance, avec une froideur un peu administrative. La vraie date. Depuis combien de temps il vivait en France, avec qui il habitait, si elle pouvait rencontrer ses responsables légaux, s'il avait couché avec sa fille.

Elle ne dit pas tout cela de manière aussi abrupte. Si l'entrée en matière fut hésitante, le reste se déroula avec tact et respect, et Ritchie lui raconta ce qu'elle voulait savoir.

Ce fut difficile pour lui de parler de l'Afrique.

– Vous comprenez, l'Afrique c'est un peu mon monde intérieur. Depuis que je suis arrivé, j'en parle le moins possible. Pour dire quoi ? Rappeler que je suis étranger ? Sans papiers en plus ? Dès le premier jour où on m'a mis à l'école, j'ai essayé de faire comme si j'avais toujours vécu en France.

Élisabeth reconnut qu'il était facile de le croire car elle ne décelait presque aucun accent. Elle insista malgré tout pour en savoir plus. Alors Ritchie raconta. La terre dorée qui vire au marron à la saison des pluies. La douceur de ses souvenirs au village. La mort du père, déterminante.

– Et ta mère ?

Il ferma les yeux un instant. C'était la question qui avait le pouvoir de convoquer la tempête, de faire souffler le vent, gronder le tonnerre et soulever les vagues immenses.

– Elle est morte. Avec mon frère, quand on était sur le bateau. Ils ont disparu et je ne les ai même pas vus tomber. Quand je suis arrivé en Europe, j'étais tout seul.

Élisabeth posa une main sur son épaule. D'un hochement de tête presque imperceptible, il lui signifia qu'il tenait le coup.

– Et tu en es où, pour tes papiers ? demanda-t-elle après un silence.

Ritchie n'avait aucun document d'identité sur lui lorsqu'il avait débarqué en Espagne, puis en France. Il avait répété mille fois les mêmes informations : date et lieu de naissance, nationalité.

– Si je vais à l'école jusqu'à mes dix-huit ans, je pourrai demander les papiers, parce que ça fera cinq ans. C'est ce qu'on m'a expliqué, mais je ne suis pas sûr d'avoir tout compris.

Il sourit encore en balayant toutes les formalités administratives d'un geste de la main, comme si elles n'avaient pas vraiment d'importance.

– Et ça va à l'école ? Tu as de bonnes notes ?

Élisabeth commençait à se sentir plus à l'aise. Maëva, elle, mordillait ses ongles nerveusement, mais en entendant la question de sa mère, elle éclata de rire.

– Euh, en fait, c'est pas encore ça, avoua Ritchie. Mais je vais m'y mettre, promis !

Il y avait dans ses yeux une telle espièglerie qu'Élisabeth fut convaincue, en cet instant précis, d'avoir un enfant en face d'elle. Alors elle le regarda avec tendresse, et lui sourit en retour.

Le lendemain, Élisabeth se décida à aller frapper à la porte de Sylvain. Depuis son retour précipité en région parisienne, deux semaines plus tôt, elle ne lui avait donné aucune nouvelle. Elle ne savait pas exactement pourquoi. Peut-être qu'elle avait un peu trop perçu sa déception. Ses reproches aussi, même s'il n'avait rien objecté. Au contraire, il l'avait confortée dans sa décision :

– Pars, lui avait-il dit. J'aurais tout lâché, immédiatement, si mon fils avait eu besoin de moi. Je comprends.

Mais il comprenait également qu'elle rejoignait une maison, une chambre, un lit partagés avec son mari. Et il en serait probablement toujours ainsi.

Plus tard, occupée à gérer l'explosion de colère de Stéphane, elle n'avait pas contacté Sylvain. Puis une espèce d'appréhension s'était installée, et elle avait laissé le temps passer en évitant de trop y penser. Sylvain ne lui avait pas davantage donné signe de vie, et il lui arrivait de s'en sentir vexée. Pourquoi ne lui demandait-il pas comment l'histoire de Maëva s'était réglée ? Si les tourments familiaux qu'elle avait traversés s'apaisaient ?

De temps à autre, elle se ressaisissait : les problèmes que Sylvain rencontrait avec Maxence valaient largement les siens, et elle pouvait aussi bien que lui prendre l'initiative de le recontacter. Mais elle n'osa pas le faire et une autre semaine s'écoula.

Après avoir fait la connaissance de Ritchie, elle se sentit un peu plus rassurée. L'angoisse s'atténua, et il ne resta plus, au creux de sa poitrine, que le manque laissé par l'absence. Le lendemain de sa rencontre avec le garçon, elle se leva de bon matin, s'habilla à la hâte et, comme autrefois, retrouva le chemin qui la menait à Sylvain.

Elle avait déjà frappé à deux reprises, mais personne ne venait ouvrir. Puis elle entendit des pas, un silence, et plus rien.

– Sylvain ? Tu es là ? appela-t-elle.

Elle saisit de nouveau le heurtoir et assena trois autres coups vigoureux à la porte. Cette fois-ci, la clé tourna. Dans l'entrebâillement, elle aperçut un Sylvain barbu, débraillé, le regard plus sombre que jamais.

– Sylvain ? répéta-t-elle, inquiète, en forçant l'entrée. Comment vas-tu ?

Il se tourna vers elle sans lâcher la porte et la fixa en serrant les mâchoires.

– Comment je vais ? Tu me demandes comment je vais ? Explique-moi un peu ce que ça peut te foutre ?

– Mais…

– Tu te sauves comme une voleuse le vendredi, tu m'abandonnes là comme une vieille chaussette tout le reste du week-end, tu ne me donnes pas la moindre nouvelle durant deux semaines et tu débarques ici pour me demander comment je vais ?

Pour finir, il lâcha un rire amer. Elle baissa la tête, à la manière d'une enfant fautive. Que pouvait-elle bien répondre à cela ?

Sa posture repentante sembla apaiser légèrement Sylvain. Lorsqu'il reprit la parole, il s'exprima avec un ton plus posé et plus réfléchi, mais il n'avait pas changé d'avis pour autant.

– Maxence est revenu, Élisabeth. Je ne veux pas qu'il te voie ici. Va-t'en.

Elle fit un pas en direction de la sortie, hésita, puis s'arrêta devant Sylvain.

– Tu vas me laisser repartir comme ça ?

– Oui. Nous parlerons plus tard, peut-être. Va-t'en.

Il claqua la porte sur elle. La lumière du soleil l'aveugla. Elle se retourna : Sylvain n'avait même pas pris la peine de la regarder s'en aller.

*

Stéphane arriva le premier. Il s'installa à la table qu'il avait réservée la veille et attendit.

Une semaine auparavant, il avait contacté Carla sur Facebook. C'était sans aucun doute le meilleur canal de communication. Le mail était trop formel ; l'appel téléphonique, ou même les SMS avaient un côté trop prémédité. Facebook, en revanche, donnait l'impression d'une rencontre fortuite au cours d'une promenade virtuelle. Il y a de la légèreté dans le clic qui ajoute une ancienne connaissance ou un ami jadis délaissé. Oh, tiens, tu es là, toi ? Comment vas-tu ? Cela fait si longtemps ! Et si on allait déjeuner ?

Et l'affaire fut pliée.

Maintenant il était là, assis à cette table trop collée à celle des autres consommateurs, et Carla le rejoindrait dans quelques instants. Il regarda passer les silhouettes, la plupart avançaient d'un pas pressé, d'autres ralentissaient devant la brasserie et à chaque fois, Stéphane tressaillait. Mais elles poursuivaient leur chemin et il se remettait à guetter. L'heure du rendez-vous approchait et il peinait à contenir sa nervosité. Pouvait-il encore faire marche arrière ?

Il jeta un œil à sa montre : le moment était venu. Elle allait arriver. De plus en plus, son cou se tendait vers la porte. À chaque fois que quelqu'un la poussait, un courant d'air frais s'engouffrait pour l'entourer d'un frisson.

Avait-il beaucoup changé ? Il avait bien observé son visage la veille, avant de se brosser les dents. Ses cheveux étaient toujours là, mais plus clairsemés. Bien plus gris, aussi. Des poches de peau fanée alourdissaient son regard. Sa silhouette s'était empâtée, ce n'était même pas une histoire de kilos supplémentaires, mais de ceinture abdominale distendue, de chairs amollies qui pesaient bien plus encore que les années. Il s'était trouvé laid, usé, et avait bien failli annuler. Mais il était venu.

Il contracta d'instinct son ventre et entreprit de réajuster sa chemise, mais déjà Carla se tenait devant lui.

– Bonjour, Stéphane, dit-elle simplement avec un sourire prudent.

Stéphane se leva, voulut se pencher vers elle mais s'en trouva empêché par la table. Il fit un pas de côté pour la contourner, et face à Carla, sans aucun obstacle, il se sentit faiblir, gagné par l'émotion qui lui chatouillait les narines et menaçait d'inonder ses yeux, alors il déposa précipitamment un baiser sur sa joue pour se dérober à sa vue. Elle portait toujours le même parfum, et rien qu'en le reconnaissant il fut assailli de souvenirs merveilleux et indécents.

Elle s'assit. Troublé, il reprit sa place en face d'elle et la regarda longuement, ne pouvant croire qu'ils soient là, tous les deux.

Elle avait changé, elle aussi. Pourtant, sa chevelure soyeuse était identique, tout comme le regard profond, ouvert sur un monde intérieur extraordinairement riche. Mais il y avait ces sillons creusés de part et d'autre de la bouche, et la ride verticale qui, à terme, lui barrerait le front.

Ils échangèrent d'abord quelques politesses, et en l'observant alors qu'elle parlait il lui trouva un air étrange dont il ne se souvenait pas. Comme s'il avait devant lui un sosie de la vraie Carla, qui ressemblait à s'y méprendre à l'original, mais dont il décelait surtout les faux airs. Cela l'effraya. Peut-être qu'il n'existait plus aucune temporalité où il pourrait retrouver la Carla qu'il aimait, et qu'il lui faudrait apprendre une fois pour toutes à vivre sans elle, ou à se contenter d'un clone imparfait. Puis, à force de discussions, mais aussi de quelques rires, les distorsions entre l'image rêvée et l'image réelle s'atténuèrent et le visage de la Carla en face de lui finit par se superposer à celui qu'il gardait jalousement dans ses souvenirs. Et le monde de Stéphane, enfin, se remit à tourner normalement.

Elle n'exerçait plus les mêmes fonctions professionnelles, le savait-il ? Même s'il l'avait appris en fouinant sur Internet, il affirma que non, comment l'aurait-il su ? Carla bredouilla. Oui, bien sûr, il ne pouvait pas être au courant.

Une fois résumées ses dernières années, Carla croisa les bras sur la table et lui dit :

– Bon, à toi, raconte. Depuis tout ce temps… Quoi de neuf ?

Il essaya de remonter le fil de sa vie pour se remémorer tout ce qu'elle avait manqué. L'exercice s'avéra difficile. Chaque jour, ou presque, il avait pensé à elle. Il avait porté au fond de lui, huit ans durant, une espèce de double de Carla qui connaissait tout de lui, ses réflexions quotidiennes, ses émotions, ses regrets. Face à la vraie Carla, celle qu'il pouvait toucher, qu'il pourrait embrasser si seulement il osait, ou même lui faire l'amour – il ferma les yeux un instant à cette idée –, il se rendait compte qu'il n'avait jamais pu vivre sans elle, que son chemin n'avait continué que parce qu'il avait constamment ressenti sa présence et qu'à aucun moment il n'avait envisagé de ne pas la retrouver.

Mais la réalité, c'est qu'elle n'avait jamais été là, et elle ignorait tout de ces années passées.

– Ma mère est morte.

Ce fut la première chose qu'il trouva à dire, et il s'étrangla d'émotion en prononçant ces mots. Les yeux de Carla se troublèrent. Elle lui prit la main. Il sentit combien son empathie lui apportait de réconfort : elle était capable d'apaiser toutes ses blessures, et il se retint d'éclater en sanglots comme un enfant. Comme huit ans avant, il retrouvait cette évidence, cette complétude, mais aussi sa propre vulnérabilité, si effrayante, qu'il avait délibérément fuie en se réfugiant derrière ses responsabilités de père de famille.

Il noya son trouble dans un flot de paroles, raconta le quotidien, le travail, ponctuant les banalités de sourires joyeux pour atténuer la médiocrité de l'existence décrite. Carla l'encourageait par des hochements de tête attentifs. Elle n'avait pas lâché sa main.

– Ah, et puis j'ai déménagé, finit-il par dire.

– Ah bon ?

Elle imagina un divorce récent, ou à défaut une séparation, un petit deux-pièces triste où elle pourrait remettre un peu de bonheur. Voilà, sans doute, pourquoi il était finalement revenu vers elle, parce qu'il était libre, enfin, et qu'il était peut-être temps de leur redonner une chance.

Stéphane décrivit la grande maison de banlieue, le jardin, l'impression d'espace. Mais aussi les trajets interminables, le RER tous les matins, tous les soirs, dans la promiscuité et le stress.

Le regard de Carla s'obscurcit soudainement d'un voile. Il le reconnut tout de suite. C'était le même que jadis, quand ils se quittaient pour retourner à une vie officielle où l'autre n'avait pas sa place. Dans ces moments-là, l'âme de Carla semblait aspirée dans un gouffre invisible, une détresse absolue figeait ses traits, et ses yeux s'éteignaient, comme s'ils étaient brusquement devenus aveugles, recouverts de l'opacité que laissent les espoirs constamment déçus.

Aujourd'hui comme hier, le linceul était tombé sur elle, et la part morte de Carla fixait Stéphane avec insistance.

– Tu as acheté une maison ? Avec Élisabeth ?

– Euh, oui, répondit-il, surpris par son changement d'attitude.

Elle esquissa un sourire où se mêlaient amertume et résignation et secoua légèrement la tête, étonnée de sa propre stupidité. Au moment où le serveur approchait de leur table avec leurs boissons, prêt à prendre le reste de leur commande, elle se leva, manqua de faire basculer sa chaise vers l'arrière, puis annonça brutalement :

– Il faut que je m'en aille, Stéphane. C'était une mauvaise idée.

Il tendit mollement une main vers elle pour la retenir, mais déjà elle avait disparu hors de la brasserie. Il ne la vit pas non plus dans la rue à travers la vitre, alors il demeura à sa place, abasourdi, face au serveur gêné qui ne savait plus quoi faire des verres sur le plateau.

Maëva s'ennuyait ferme. Le cours avait commencé depuis une quinzaine de minutes seulement, mais elle avait l'impression d'être coincée là depuis au moins deux heures. Ritchie n'était pas venu au collège aujourd'hui, et sans lui elle se sentait enfermée dans la salle de classe comme dans une prison.

Il avait rendez-vous avec le juge des enfants. Cela arrivait périodiquement, un entretien de routine la plupart du temps. Le juge lui posait des questions et remplissait des documents qui alimentaient ensuite son dossier. Quand il aurait dix-huit ans, il demanderait ses papiers. C'est ce qu'il expliquait à Maëva.

Pour ne rien arranger, l'autre débile de Maxence était revenu, avec sa drôle de dégaine et ses bruits bizarres. Il avait disparu de la circulation depuis plus d'un trimestre, les autres élèves étaient persuadés qu'on ne le reverrait jamais, et Maëva s'en était secrètement réjouie. Mais non. Comme elle était sa principale harceleuse, elle savait qu'elle ne pouvait rien dire, à peine était-elle autorisée à le regarder. Elle devait donc, plus que n'importe qui, contenir son exaspération. *Hum !*

Oh ! Ah ! Magnifique musique d'ambiance pour favoriser la concentration.

– Pourquoi il n'est pas là, Ritchie ? lui demanda une de ses camarades.

– Il avait un rendez-vous je ne sais plus où. Rien de grave, chuchota-t-elle.

Puis, se sentant observée par le prof, elle se redressa et fit mine de s'intéresser au cours. Pendant ce temps-là, Maxence continuait à pousser des glapissements. Maëva regarda autour d'elle : quelques élèves l'imitaient en douce, d'autres ricanaient. Ce serait certainement toujours ainsi, et les profs feindraient toujours de ne rien voir pour masquer leur incapacité à régler la situation. Elle soupira bruyamment et essaya de se remettre au travail.

– Comment ça, le juge te demande d'aller faire des radios ? Des radios, genre, comme à l'hôpital ? Il a cru qu'il était médecin, ou quoi ?

Le lendemain, Maëva et Ritchie étaient assis dans un coin de la cour, à l'écart des autres. Depuis que Stéphane les avait surpris, elle n'avait officiellement plus le droit de le voir en dehors du collège.

– Oui, je dois y aller bientôt. Il paraît que ça arrive, des fois. Je dois faire des tests osseux.

– Des tests osseux, pour quoi faire ?

– Ils ne me croient pas quand je leur dis que j'ai quinze ans.

Maëva fronça les sourcils.

– Ils t'ont cru quand tu leur as dit que tu avais treize ans, ils t'ont cru quand tu avais quatorze ans, et là, d'un coup, ils ne te croient plus ? fit-elle, sceptique.

– Oui, c'est ce que leur a dit ma tante. Pourquoi maintenant ?

Et le juge a dit avec sa grosse voix que certains éléments les avaient alertés. Et que j'étais vraiment très très grand pour un adolescent.

– C'est lui qui est petit, oui ! lança Maëva, irritée. Et sinon, cette radio ? Comment elle fait, pour dire l'âge que tu as ?

Ritchie haussa les épaules. On ne lui avait pas bien expliqué. Il savait tout de même que ce n'était pas une bonne nouvelle. Sa « tante », comme il disait, le lui avait fait comprendre.

– Je devrai retourner voir le juge avec les résultats. On verra bien.

La sonnerie retentit.

– Oh non, déjà ! bougonna la jeune fille.

Elle se blottit contre Ritchie qui caressa amoureusement ses cheveux, pensif, les yeux dans le vague. Ils restèrent ainsi encore plusieurs minutes, puis un surveillant leur ordonna sèchement de monter en classe, et ils s'exécutèrent de mauvaise grâce.

*

Élisabeth se tenait debout au centre de la pièce, très droite, les pieds légèrement écartés, et elle fixait la toile blanche juchée sur son chevalet comme on jauge un adversaire.

Depuis des semaines, elle n'avait pas réussi à peindre. En réalité, elle n'avait même pas essayé. Maintenant que la crise familiale autour de Maëva s'apaisait, il était temps de réinvestir l'atelier et d'exprimer l'angoisse et l'inquiétude ressenties, de les recouvrir de couleurs pour s'en délester une fois pour toutes. Mais depuis des heures qu'elle était là, rien ne se produisait. Aucune idée. Aucun élan. Elle respira profondément, ouvrit des tubes et des flacons, prépara sa palette et commença méthodiquement à recouvrir la toile d'un fond sombre, gris, sans espoir.

Quand elle eut fini, elle rangea tout, rinça les pinceaux et sortit. En traversant le jardin en direction de la maison, elle remarqua comme les massifs étaient jolis avec leurs fleurs écloses, songea qu'il faudrait passer la tondeuse pour redonner à l'ensemble un air entretenu. Elle se tenait accroupie près des hortensias lorsque la tête lui tourna avec une violence inattendue, et elle chercha en vain quelque chose de stable à quoi se raccrocher. Elle ferma les yeux en espérant que le malaise se dissipe, mais même quand elle put de nouveau marcher sans craindre de s'effondrer à chaque pas, la sensation de vertige demeurait. Elle grimpa à l'escalier en tenant fermement la rampe. Elle se sentait barbouillée. Avait-elle mangé quoi que ce soit de suspect ? Elle avait beau passer en revue les aliments ingurgités depuis la veille, elle n'en identifiait aucun comme possible responsable de son état. Élisabeth atteignit péniblement son lit et s'y allongea, le moral en berne.

Elle se réveilla au milieu de l'après-midi, sans avoir déjeuné, avec le sentiment d'inutilité qu'elle ressentait toujours lorsqu'elle n'avait rien fait de la journée. Bientôt, Maëva rentrerait. Puis ce serait Stéphane. Leur soirée serait terne et ennuyeuse. Elle préparerait un repas rapide, Maëva fuirait dans sa chambre sitôt son assiette engloutie. Elle-même disparaîtrait dans la cuisine pour la remettre en ordre – et ne surtout pas faire la conversation à son mari – et laisserait Stéphane seul dans le salon avec sa mine sombre de ces derniers temps, dont se dégageait une hostilité permanente. Ferait-il une crise comme celle-là à chaque fois que Maëva aurait un petit ami ?

Élisabeth se sentit si lasse, soudain, qu'elle renonça à quitter le lit et se rendormit.

Quand Maëva rentra chez elle, la maison était si silencieuse et calme qu'elle la crut vide. Puis elle remarqua les affaires de sa mère, ses chaussures et son sac dans l'entrée, le manteau qu'elle portait en ce moment dans la penderie, et elle commença à la chercher, un peu inquiète de ne pas la trouver dans les pièces du bas.

– Ça va, maman ? s'enquit-elle en entrebâillant la porte de la chambre parentale, soulagée de la voir là.

La voix de sa fille parvint à Élisabeth comme depuis l'autre extrémité d'un long tunnel. Elle poussa un léger grognement qui voulait dire oui, se força à ouvrir complètement les yeux et, enfin, articula péniblement :

– Je suis un peu patraque aujourd'hui, je me lève dans cinq minutes.

Elle eut beaucoup de mal à s'extraire du lit, toujours vaseuse.

– Il faut que tu ailles voir un médecin, lui dit Stéphane alors qu'ils dînaient.

– Ça ira mieux demain, affirma Élisabeth.

– Il faudra y aller même si ça va mieux. Tu m'avais dit que tu irais il y a plusieurs semaines déjà, tu te rappelles ?

Non, elle n'en gardait aucun souvenir. Quand avait-elle promis une chose pareille ? En quelle occasion ? Stéphane répondit à son regard interrogateur d'un air entendu, en désignant discrètement Maëva d'un signe de tête. Celle-ci n'avait pas besoin de tout savoir. Alors cela lui revint en mémoire. Elle avait dit qu'elle consulterait le soir où elle avait eu ses règles, juste après sa première fois avec Sylvain.

À cette pensée, une tristesse insondable la submergea, et elle ressentit de nouveau le vertige, puissant, qui lui coupait le souffle et broyait ses entrailles, à tel point qu'elle se demanda en retenant ses larmes si elle n'était pas simplement en train de mourir d'amour.

Le généraliste qui accueillit Élisabeth était un vieux monsieur au crâne dégarni qui semblait bien plus fatigué qu'elle. C'était la première fois qu'elle consultait un médecin depuis son arrivée dans le département. Cela avait été le parcours du combattant, car la plupart des praticiens, quelle que soit leur spécialité, ne prenaient plus de nouveaux patients. Quand enfin une secrétaire avait consenti à lui accorder un rendez-vous, elle avait sauté sur l'occasion.

Le docteur pianota sur son clavier en la priant de patienter quelques instants, le temps de créer son dossier. Il lui demanda ensuite un certain nombre de renseignements et s'enquit de la raison de sa venue. Élisabeth alla à l'essentiel et expliqua les vertiges, l'essoufflement, les douleurs de ventre.

– Bien, dit-il, venez un peu par ici que je vous examine.

Elle se déshabilla et s'installa, respira profondément, expira, ouvrit la bouche, tira la langue, se laissa palper l'abdomen. Il voulut tout savoir de ses habitudes alimentaires, l'interrogea sur son transit, puis sur la date de ses dernières règles. Elle répondit à cette question avec une légère hésitation, et devant le froncement de sourcils du médecin elle crut bon de lever tout malentendu.

– Je sais ce que vous croyez, mais ce n'est pas du tout ça. En réalité, pendant des années, j'ai été mince… vraiment très… maigre… et je n'ai pas eu mes règles pendant des mois. Des années parfois. Et ça n'est jamais vraiment revenu normalement.

Le docteur acquiesça et saisit le tensiomètre. L'appareil lui serra le bras au point qu'elle sentit les battements de son cœur jusque dans la pulpe de ses doigts. Elle détestait ça.

– Votre tension est un peu élevée, dit-il en retirant son stéthoscope. C'est habituel ?

Élisabeth secoua la tête.

– Je ne crois pas, non.

– Des soucis, en ce moment ?

Elle lâcha un petit rire triste.

– Oh là là, ne m'en parlez pas.

Sans entrer dans les détails, elle évoqua les problèmes que lui causait sa fille adolescente et l'ambiance familiale extrêmement tendue qui en découlait.

– Ah, c'est dur d'élever des enfants, plaisanta le médecin. Les miens sont grands, maintenant, mais mon plus jeune fils nous en a fait voir de toutes les couleurs. Bon, enchaîna-t-il, vous allez faire une prise de sang pour commencer, et vous reviendrez avec les résultats pour qu'on voie ce qui ne va pas. Et si les maux de ventre ne disparaissent pas d'ici là, nous ferons une échographie abdominale. Quant à la tension… tâchez de vous reposer, faites du yoga, je ne sais pas, quelque chose de délassant.

Élisabeth hocha la tête et repartit, confiante, avec ses ordonnances.

*

Le cygne nageait, solitaire et imperturbable. Élisabeth le regardait un peu distraitement, tout en repoussant de temps en temps la mèche de cheveux que la brise ramenait sur son visage. Quelques canards, plus loin, avançaient en groupe. Un oiseau rasa la surface de l'eau. Ailleurs, un autre cria.

Soudain, un chien surgit d'un petit sentier dissimulé par de grands arbres. Il marcha vers Élisabeth, la truffe collée au sol comme s'il remontait la piste de quelque gibier enfui. Arrivé à ses pieds, il la renifla, leva vers elle des yeux rieurs et haleta en remuant la queue avec enthousiasme. Elle esquissa un sourire. Après quelques secondes, le maître émergea à son tour du petit bois et rappela l'animal. À part eux, il n'y avait personne. Le chien courut vers lui et tous deux s'éloignèrent. Élisabeth les suivit du regard, scruta le bout du chemin à l'affût d'un éventuel joggeur, mais elle n'en croisa pas ce jour-là et rentra chez elle le cœur lourd.

Que s'était-il passé exactement entre Sylvain et elle ? De quoi lui en voulait-il ? Il aurait fait comme elle s'il avait été dans la même situation, il le lui avait dit. Mais elle n'avait pas donné signe de vie, ensuite. Pourquoi avait-elle agi ainsi, d'ailleurs ?

Parce qu'elle avait peur. Tu as peur, Élisabeth. Elle crut entendre sa propre voix résonner dans la maison vide, et se demanda si elle avait vraiment prononcé cette phrase à voix haute. Si elle se mettait à parler toute seule, c'était la fin. Elle trouva en elle suffisamment d'autodérision pour s'en amuser, mais en réalité elle était affligée.

Oui, elle avait peur. Sylvain et elle s'aimaient. Pouvait-elle encore prétendre le contraire ? Après un tel constat, la femme mariée doit logiquement reprendre sa liberté pour continuer de batifoler sans entraves avec son amant et assumer, au vu et au su de tous, cette nouvelle relation. Sinon, qu'advient il ? On s'enfonce dans une clandestinité qui pue le rance et la dissimulation, et dont on finit prisonnière. Cela n'avait aucun sens.

Pour Élisabeth, elle le savait, c'était l'heure des choix. Elle aurait dû rentrer, régler le problème avec Maëva et annoncer à Stéphane qu'elle voulait divorcer. Tu te souviens de la période où tu te tapais l'autre pétasse de Carla, la « femme de ta vie » ? lui aurait-elle dit. Eh bien c'est mon tour maintenant. Je crois que j'ai trouvé mieux que toi.

Elle pouvait encore le faire.

Et après ? Elle ferait ses bagages et partirait ? Ou elle mettrait Stéphane dehors, en le sommant de disparaître ? Il n'accepterait jamais ça. Ils venaient d'acheter la maison. Il n'avait nulle part ailleurs où aller. Sans compter que c'était lui qui payait l'essentiel du crédit.

Bon. C'était donc à elle de partir. Sylvain l'hébergerait-il ? Et Maëva ? Impossible de la laisser là, de l'abandonner, surtout maintenant que les relations entre son père et elle s'étaient affreusement dégradées. Que faire d'autre, alors ? L'emmener avec elle, chez Sylvain ? Salut, j'arrive avec ma fille adolescente, on s'installe toutes les deux chez toi. Ça devrait faire plaisir à ton fils de cohabiter avec la camarade de classe qui l'a gravement harcelé il y a quelques mois, non ?

Ah, non ? On peut peut-être le renvoyer dans son hôpital psy dans ce cas, c'est quand même bien plus pratique de ne pas l'avoir dans les pattes.

Élisabeth soupira. Il n'y avait pas d'issue.

Si elle recontactait Sylvain, il faudrait qu'elle sache ce qu'elle allait faire, qu'elle se montre déterminée, qu'elle lui propose un avenir réel. Mais était-ce vraiment ce qu'il voulait de son côté ? Ne l'avait-elle pas simplement imaginé ?

Et elle envisagea un tout autre scénario, dans lequel Sylvain préférait prendre ses distances après s'être amusé avec elle, pour être libre de démarrer, avec une autre, une relation plus intéressante. Peut-être que rien ne dépendait d'elle, après tout. Comment savoir ?

Elle regarda sa montre. Il était quinze heures. Elle était allée se promener en espérant apercevoir Sylvain, puis elle était rentrée, abattue, pour s'abîmer des heures durant dans de sombres pensées. La journée lui avait échappé. Le temps lui échappait continuellement. Une sourde angoisse grandit en elle. Élisabeth ferma les yeux, essaya de se calmer en respirant profondément, inspiration, expiration, lentement, encore, surtout ne pas sombrer dans la panique. Elle se sentit un peu mieux mais fut rattrapée par la douleur physique, comme à chaque fois que le stress était trop difficile à gérer. La douleur serra son ventre, de plus en plus fortement jusqu'à l'empêcher de respirer, et elle continua de s'intensifier, même quand elle crut ne pas pouvoir la supporter davantage. Son abdomen durcit. Elle visualisait une grosse boule compacte, constituée de toute l'énergie négative et tous les sentiments destructeurs qui l'asphyxiaient.

Après quelques minutes durant lesquelles elle s'abandonna, impuissante, à la souffrance, elle se retrouva en sueur, sur le canapé du salon, dans une maison affreusement silencieuse. Le soleil avait disparu derrière un nuage, et la pièce était maintenant plongée dans une demi-pénombre. Élisabeth se vit là, seule, misérable et elle éclata en sanglots.

Quand le soleil revint, elle pleurait toujours, la tête entre ses mains, ses longs cheveux illuminés par un fin et étincelant rai de lumière.

– Bon anniversaire ! s'écria Maëva en sautant au cou de Ritchie.

Il la serra dans ses bras et, le nez dans ses cheveux, il respira l'odeur de la jeune fille. Puis il la fit tournoyer au-dessus du sol.

– Merci, ma princesse !

C'était la première fois qu'il l'appelait ainsi. Maëva décida que cela lui plaisait bien, d'être sa princesse, et elle partit d'un grand éclat de rire.

Ils s'étaient retrouvés dans leur parc habituel. Les vacances d'avril touchaient à leur fin et le printemps triomphant donnait l'impression euphorisante que la vie tout entière ne serait plus constituée que de moments ensoleillés.

Élisabeth savait qu'ils passeraient toute la journée ensemble et avait même donné de l'argent à Maëva pour qu'elle achète un cadeau à Ritchie. Seize ans, ça se fête.

– Soyez sages, avait-elle recommandé, sans illusion.

Ils marchèrent un peu.

– Maëva, est-ce que… est-ce que tu veux voir où j'habite ?

Elle leva vers lui des yeux surpris.

– Je croyais que c'était impossible.

– Aujourd'hui, pour mon anniversaire, j'ai l'autorisation. Et il n'y a personne, ajouta-t-il avec un clin d'œil pour dissiper l'inquiétude qu'il décelait chez Maëva.

Elle hocha la tête, ravie, et le suivit.

Marguerite Pasquier avait cinquante-cinq ans et vivait seule dans une grande maison depuis la mort de son mari quand elle avait décidé, autant par souci d'humanité que pour apaiser sa solitude, de devenir famille d'accueil. Elle avait explicitement mentionné qu'elle acceptait de s'occuper de migrants mineurs après avoir été sensibilisée à cette cause par un reportage poignant. La plupart d'entre eux étaient placés dans des foyers où la violence entre adolescents tenait souvent lieu d'apprentissage des relations humaines dans leur nouveau pays.

Ritchie était le deuxième garçon qu'elle accueillait. Le premier, Mamoudou, avait onze ans quand il était arrivé chez elle. Il était resté six mois, juste le temps qu'ils s'attachent l'un à l'autre, et puis les services sociaux avaient retrouvé la grande sœur du petit, une jeune femme de presque trente ans, mariée à un Français. Les deux époux s'étaient connus enfants au Sénégal, où ce drôle de Blanc – comme on l'appelait malgré sa peau noire – revenait chaque année passer ses vacances dans le village natal de ses parents. Ils s'étaient mariés dix ans auparavant, à la fin d'un été, et elle l'avait suivi jusqu'en France, laissant derrière elle ses parents, cinq sœurs et deux frères. Le dernier, Mamoudou, n'était encore qu'un bébé à cette époque-là. Ils ne s'étaient pas beaucoup revus depuis, et le jeune garçon se souvenait à peine d'elle quand, un jour de décembre, Marguerite l'avait accompagné dans les locaux de l'Aide sociale à l'enfance où on avait organisé les retrouvailles. Mamoudou avait pleuré en lui disant au revoir. Il s'était retourné plusieurs fois ensuite, tout en suivant sa sœur qui s'éloignait à grands pas sans une parole rassurante.

Ce soir-là, Marguerite avait failli renoncer. Elle songeait sérieusement à demander sa radiation des listes des assistants familiaux lorsqu'on lui avait amené Ritchie. Il était arrivé en compagnie d'une éducatrice austère, une grande femme à la silhouette dégingandée qu'il dépassait de plusieurs centimètres, et avait gardé la tête basse. Des jours durant, Marguerite n'était pas parvenue à croiser son regard. Mais à force de patience, elle avait gagné sa confiance. Depuis dix-huit mois qu'il habitait chez elle, Marguerite avait su devenir pour lui le pilier stable qui lui manquait. Il n'avait jamais remplacé Mamoudou, auquel elle pensait encore très souvent même si elle n'en avait plus la moindre nouvelle, mais elle aimait désormais Ritchie comme un fils.

Quand il lui avait parlé de Maëva la première fois, elle était restée prudente. Une fille, ça se conquiert vite et ça s'oublie plus vite encore, surtout quand on a quinze ans. Mais Ritchie évoquait de plus en plus souvent sa petite amie blanche, avec cette lueur dans le regard qui ne trompe personne : il était amoureux. Alors elle avait accepté qu'il l'invite pour son anniversaire. Elle ne serait pas là, ce qui tombait bien, et ils pourraient ensuite, à son retour, aller tous les deux au restaurant pour fêter l'événement.

En marchant vers la maison de Marguerite, qu'il considérait comme la sienne, Ritchie ne pensait pas au dîner à venir. La seule chose qui l'intéressait, c'était ce moment partagé avec Maëva. Depuis que Stéphane les avait surpris, ils n'avaient plus eu l'occasion de s'isoler ensemble.

– C'est là, fit-il en s'arrêtant devant une belle grille en fer forgé peinte en blanc.

Il sortit les clés, peina à trouver la bonne dans le trousseau surchargé, mais finit par ouvrir le portillon. Il s'écarta alors, se pencha en une sorte de révérence et, d'un ton volontairement obséquieux, invita Maëva à entrer. Elle s'exécuta en gloussant, admira le jardin, bien plus beau et fleuri que le sien, auquel Élisabeth et Stéphane consacraient peu de temps. Elle avança avec Ritchie vers la maison.

Marguerite lui avait aménagé une jolie chambre. Maëva le complimenta sur la décoration, dont la sobriété n'avait pourtant rien de remarquable. Le jeune homme ne prit pas la peine de répondre. Il s'était déjà jeté sur elle et l'avait soulevée du sol. Maëva s'abandonna dans ses bras. Elle lui répéta « bon anniversaire, bon anniversaire Ritchie » tandis que, consciencieusement, il lui retirait, un à un, ses vêtements.

Les cours avaient à peine repris qu'ils furent entrecoupés par une multitude de jours fériés et autant de week-ends à rallonge.

– Je vous emmène au bord de la mer, annonça fièrement Stéphane, un soir au dîner.

– Ah ? fit Élisabeth en fronçant les sourcils. Et quand ça ?

– Demain !

Depuis qu'ils étaient mariés, jamais il n'avait pris une telle initiative. C'était toujours elle qui évoquait les vacances, proposait une destination, cherchait les logements, gérait les locations.

Stéphane refusait d'en dire davantage : c'était une surprise. Il s'était attendu à plus d'enthousiasme de la part de sa femme et de sa fille, enfermées l'une et l'autre dans un silence poli, mais il décida de ne pas s'en formaliser. Ils allaient passer un agréable moment tous les trois, et rien d'autre ne comptait. C'était du moins ce dont il essayait de se convaincre. Ce dont il avait terriblement besoin aussi, pour atténuer la tristesse qui ne le lâchait plus depuis ses retrouvailles ratées avec Carla. Il devait redonner du sens à sa vie, et il n'imaginait pas pouvoir le trouver en dehors de sa famille.

Maëva et Élisabeth furent donc priées de préparer des bagages pour trois jours. Sans oublier la crème solaire, ajouta-t-il avec un clin d'œil mystérieux, comme s'il avait l'intention de les emmener sur une île perdue des Caraïbes.

Au lieu de ça, c'est en Vendée qu'ils se rendirent le lendemain, où les attendait un petit appartement avec vue sur mer.

Ils eurent de multiples occasions de profiter du beau temps : balades sur la plage, en forêt, à pied, à vélo. L'après-midi du premier jour, ils louèrent une rosalie, une espèce de voiturette à pédales munie d'un volant, comme quand Maëva était petite. Elle ne s'en souvenait pas. Cette fois-ci, elle put conduire l'engin, s'amusa comme une enfant et critiqua joyeusement son père lorsqu'à son tour il prit les commandes.

– Tu roules trop à droite, papa ! Je vais me prendre une branche dans la tête !

Et ses cris affolés se terminaient en éclats de rire.

Élisabeth, assise derrière, les observait tout en pédalant. Père et fille retrouvaient leur complicité. Tant mieux. Si elle le quittait, Stéphane ne serait pas seul. Maëva non plus. Ils se sentiraient tristes, sans doute, en colère également, du moins au début, et puis cela s'estomperait. N'avait-elle pas droit au bonheur, elle aussi ?

De plus en plus, elle envisageait de rappeler Sylvain. Elle lui dirait qu'elle l'aimait, qu'elle voulait vivre avec lui. Oui, c'était cela qu'elle souhaitait faire. Elle n'en pouvait plus de cette mascarade interminable. Depuis dix ans, elle jouait le rôle de l'épouse satisfaite et de la mère heureuse, mais qui y croyait encore ? Son corps n'avait cessé de lui montrer qu'elle faisait fausse route, il avait failli disparaître à force de maigrir, effacé à mesure qu'Élisabeth renonçait à ses désirs et aspirations propres, il s'était révolté dans les vomissements, et quand, penchée sur la cuvette des toilettes, elle rendait le repas ingurgité, elle refusait toujours d'entendre ce que chaque spasme lui criait depuis le fond de son estomac : « Pars. Vis. Sois toi-même. » Mais Stéphane était revenu près d'elle. C'était bien cela qu'elle avait voulu ? Tout allait s'arranger, donc. Bientôt. Forcément. Il fallait patienter.

Mais cela n'avait pas été le cas. Elle avait laissé les années couler sur son désespoir de manière inconsidérée, et voilà qu'elle avait quarante ans, des rides au coin des yeux et au-dessus de la lèvre supérieure, et plus le moindre rêve pour la pousser en avant.

Élisabeth regarda la mer. La rosalie avait pris de la vitesse. Stéphane et Maëva continuaient à se disputer gaiement dans un concert de paroles indistinctes. Le ciel était dégagé sur un horizon infini. Sur la plage, de jeunes enfants, vêtus d'un tee-shirt et la tête couverte d'un chapeau, construisaient des châteaux de sable et couraient vers l'océan avec leur seau, jambes nues, sous le regard attendri d'un père, d'une mère ou de grands-parents bienveillants. Sur la piste cyclable, des couples à vélo les doublaient.

Que faisait Sylvain en ce moment ? Pensait-il encore à elle ? Se souvenait-il de cette dernière nuit, au bord de la mer aussi, qu'ils avaient passée ensemble ? Elle ferma les yeux et apprécia le vent sur son visage, tout en se remémorant les caresses, les baisers fous, le rythme de leur amour. Cette évidence à être près de lui. La joie simple de ressentir leurs odeurs mêlées, dans le lit, et le réconfort de voir se dessiner, dans la pénombre, son profil endormi. Un instant, l'image fut presque réelle, mais Maëva poussa un cri strident, Stéphane protesta, et le souvenir de Sylvain disparut. Élisabeth ouvrit les yeux, observa de nouveau les vagues qui léchaient paresseusement la plage et, parce qu'il n'y avait rien d'autre à faire, elle s'efforça de pédaler plus vite.

Le soir, les trois se rendirent au restaurant. Ils n'étaient pas les seuls citadins à avoir voulu s'offrir quelques jours au grand air, et les tables étaient presque toutes occupées. On les installa dans un coin bruyant près de la cuisine, où ils furent dérangés tout au long de la soirée par les allées et venues de serveurs pressés.

Maëva mangeait des moules et avait de la sauce collée partout : sur ses doigts, sur son tee-shirt, et même sur ses cheveux. Elle haussa les épaules quand Stéphane lui en fit la remarque et poursuivit son repas, imperturbable. Elle pensait à Ritchie. Plus tôt dans la journée, elle l'avait inondé de messages, de photographies et de selfies enjoués. Il réagissait par une plaisanterie, un smiley souriant ou un cœur. Il lui manquait. Elle le lui disait sans arrêt, et il répondait qu'elle lui manquait aussi, évidemment. Entre eux c'était l'amour fou, cet amour adolescent qui s'enracine profondément dans le cœur, dont on croit qu'il est et sera toujours le seul, et d'une certaine manière c'est ce qu'il est, celui qui éveille à la vie, la souche mère de tous les amours à venir.

Ils avaient fait l'amour, le jour de l'anniversaire de Ritchie. Cela avait été doux et plaisant. Maëva n'avait pas eu peur, et pas eu mal non plus. Elle était rentrée chez elle, étonnamment calme compte tenu du bouleversement qu'elle venait de vivre, apaisée par la certitude d'avoir trouvé son âme sœur parfaite. Plus ils se rapprochaient, plus les liens entre Ritchie et elle devenaient profonds, étroits, impossibles à défaire. Son père n'approuvait pas leur relation, et il deviendrait fou s'il apprenait combien c'était sérieux avec Ritchie, mais elle bénéficiait du soutien de sa mère et, même si celle-ci ignorait encore que sa fille avait perdu sa virginité, elle saurait la comprendre.

– Tiens, essuie-toi, ordonna Élisabeth en lui tendant une serviette.

Maëva s'exécuta.

Ils rentrèrent à pied dans la nuit. On ne voyait plus l'océan, mais on entendait son grondement. Sur le balcon, les trois regardèrent les étoiles tout en devisant de choses et d'autres. Comme une famille unie, se dit Stéphane avec satisfaction.

Il voulait se recentrer sur Élisabeth et Maëva. Après avoir revu Carla, il avait cru sombrer. De nouveau. Elle ne lui faisait pas de bien en réalité, il s'en rendait compte. Depuis près de dix ans, qu'ils soient ensemble ou non, Carla était pour lui un poison, à l'effet euphorisant parfois, mais destructeur la plupart du temps. Un poison dangereux, difficile à éliminer, qui contamine le cœur, le cerveau, se fait sentir de manière omniprésente, comme une composante désormais essentielle du corps, jusqu'à consumer totalement l'infortuné qui a eu l'imprudence de l'ingérer. À quoi cela l'avait-il mené ? Souffrir de l'absence de Carla, souffrir de la revoir, souffrir et rien d'autre. Comment se débarrasser de ce fantôme nuisible qui le poursuivait sans relâche ? N'avait-il pas la preuve que la clé du bonheur se trouvait là, sous ses yeux, dans les moments partagés avec sa famille ? Élisabeth avait toujours été là, elle. Elle avait attendu son retour lorsqu'il était parti. Elle lui avait pardonné, tout en sachant qu'il était tombé amoureux d'une autre femme, qu'il était parti pour elle. Maintenant, ils avaient une jolie maison. Maëva ne regrettait plus Paris et s'était habituée à leur nouvel environnement. Évidemment, il y avait ce Ritchie, mais c'était un problème en cours de résolution. Il faudrait qu'il rappelle la préfecture, à ce propos, pour savoir où on en était. Mais ce soir, Stéphane était confiant. Peut être même qu'il était heureux.

Dans la chaleur du lit conjugal, alors que Maëva s'endormait dans la chambre voisine, Stéphane s'approcha d'Élisabeth, avide d'amour. Elle lui tournait le dos, déjà somnolente. Elle sentit son sexe dressé contre elle, presque menaçant et frémit d'appréhension quand il lui embrassa le cou. Stéphane prit sa réaction pour une tension provoquée par le désir et s'enhardit.

Pourquoi avait-elle accepté cette escapade sur la côte, au juste ? se demanda Élisabeth. N'était-ce pas pour essayer, encore une fois, de retrouver de la joie dans la sphère familiale ? Se refuser à son mari n'avait pas de sens. Alors elle laissa Stéphane se frotter contre ses fesses, caresser ses seins, tâter son pubis, la retourner, s'introduire en elle. Elle devinait l'expression de son visage, les yeux clos, la bouche entrouverte. La sueur de son époux coula sur son ventre. Son corps à elle tressauta sous l'effet des mouvements de Stéphane, elle sentait les secousses mais le plaisir, lui, était absent. Elle n'était qu'une enveloppe de chair molle et vide où, après une série de va-et-vient laborieux, il déversa une semence stérile, incapable de redonner vie à leur amour éteint.

Quand Stéphane s'endormit, content, elle essuya une larme et resta dans le noir, à écouter la nuit, certaine désormais de ce qu'elle devait faire.

Après l'escapade familiale au bord de la mer, Maëva retrouva un Ritchie triste et distant. Elle se rendit vraiment compte que quelque chose n'allait pas le mercredi, lorsqu'il déclina sa proposition d'aller déjeuner avec elle au McDonald's après les cours. Malgré l'insistance de la jeune fille, il refusa de s'expliquer, prétexta des devoirs à faire, puis des obligations diverses, sans jamais être ni clair ni convaincant. Il y avait un problème, c'était certain.

Elle rentra donc chez elle d'un pas traînant et d'humeur maussade. Sa mère était assise sur le canapé du salon et faisait semblant de lire un livre. C'est du moins l'impression qu'elle donnait, à fixer les pages sans ciller ni bouger les yeux, l'air perdu. À quoi pouvait-elle bien penser ? Pourquoi était-elle donc si bizarre ? En tout cas, et c'était un point positif, elle n'était plus si maigre que par le passé. Ses joues s'étaient rembourrées, son décolleté aussi d'ailleurs, et tout en restant minces, ses cuisses remplissaient davantage ses pantalons. Elle paraissait indéniablement en meilleure santé, et pourtant elle continuait de se comporter de manière si étrange, parfois !

– Maman ? fit-elle.

Élisabeth sursauta. Elle n'avait ni vu ni entendu entrer sa fille.

– Oh, ma puce, tu es là ? Je croyais que tu mangeais avec Ritchie.

À la seule évocation de ce nom, l'adolescente serra les poings pour contenir sa colère.

– Il avait un truc à faire.

– Et il n'y avait pas une copine ou deux pour y aller avec toi ?

Maëva haussa les épaules.

– Tu veux que je te prépare quelque chose à manger ? proposa Élisabeth.

– Non, ça va, j'ai plus cinq ans, protesta-t-elle, dédaigneuse, avant de tourner le dos à sa mère et de monter dans sa chambre.

Elle jeta sa veste et son sac sur le sol avec rage avant de se laisser tomber sur le lit. Là, elle enfouit quelques secondes son visage sur son oreiller, puis se reprit, s'assit et pianota nerveusement sur son smartphone.

Qu'est-ce que tu as de si important à faire ? demanda-t-elle à Ritchie par texto. Puis elle resta de longues minutes à fixer l'écran redevenu noir, se retint d'envoyer l'appareil se fracasser contre le mur et décida de l'éteindre. Elle descendit à la cuisine, ouvrit le réfrigérateur, soupira en n'y trouvant rien d'appétissant et finit par sortir deux œufs de leur boîte, qu'elle fit cuire sur le plat. Elle jeta un regard vers le salon. Élisabeth, sur son canapé, avait repris la même position dans laquelle Maëva l'avait trouvée en rentrant, un livre à la main sur lequel elle posait des yeux fixes et sans expression.

Quand Maëva regagna sa chambre et ralluma son téléphone, elle fut furieuse et peinée de constater que Ritchie n'avait pas répondu à son message. Immédiatement, elle l'appela. Les sonneries se succédèrent. Lorsque le répondeur se déclencha, les yeux de la jeune fille se remplirent de larmes. Ritchie ne voulait plus la voir, elle en était sûre maintenant. Il ne voulait même pas lui parler ! Il y avait si peu de temps encore, il se montrait doux, tendre, attentionné, parfait, et c'était comme si elle était la personne la plus importante et la plus délicate de la terre. Comment aurait-elle pu devenir insignifiante à ses yeux ?

Elle s'interdit de penser qu'il pourrait y avoir une autre fille, que Ritchie était peut-être avec elle en cet instant précis. Il y avait certainement une autre explication. Ils en discuteraient, et tous ses doutes seraient levés. Forcément.

C'est alors qu'un bruit sourd attira son attention. Cela venait du couloir, ou des escaliers, elle ne savait pas exactement. Maëva entrouvrit la porte de sa chambre et tendit l'oreille.

– Maman ? appela-t-elle.

Mais elle n'entendit aucune réponse. Elle sortit dans le couloir, regarda autour d'elle mais ne vit personne.

– Maman ? répéta-t-elle tout en avançant vers les escaliers.

Et c'est là qu'elle vit sa mère, à mi-chemin entre le rez-de-chaussée et l'étage, affaissée, un genou reposant sur une marche, une main s'agrippant péniblement à la rampe et un masque de douleur sur le visage.

– Maman ! s'écria Maëva en courant vers Élisabeth.

Elle la releva, l'aida à s'asseoir sur une marche et s'installa à côté d'elle.

– Est-ce que ça va ? demanda-t-elle.

– Oui, je crois, répondit Élisabeth après quelques secondes pendant lesquelles elle sembla réfléchir très sérieusement à la question. Je… j'ai mal au ventre. Je pense que je devrais retourner voir le médecin.

– Mais tu manges mieux, non ? Tu as même repris des kilos ! Je croyais que *tout* allait mieux ! s'exclama Maëva, non sans reproche, comme si sa mère était responsable de ses symptômes.

Élisabeth posa sur sa fille un regard surpris. Celle-ci lui parlait comme si tout ce qu'elle s'était évertuée à lui cacher, son mal-être psychologique, l'anorexie, n'avait été qu'un secret de façade. Immédiatement, une vague de culpabilité et de honte la submergea, à tel point qu'elle crut un instant qu'elle allait vomir là, tout de suite, dans les escaliers. Quelle mère pathétique elle faisait !

– Oui, oui, balbutia-t-elle, bien sûr que ça va mieux. C'est… autre chose… je ne sais pas quoi. Je vais prendre rendez-vous, je te promets.

Maëva l'accompagna jusqu'à la chambre parentale, l'allongea sur le lit et eut même un geste de la main vers elle, comme si elle allait caresser ses cheveux. Mais elle remit bien vite son bras le long du corps.

– Appelle-moi si tu as besoin de moi, d'accord ?

Élisabeth hocha la tête.

Elle fit une longue sieste, et à son réveil elle se sentait beaucoup mieux. C'était la fatigue, sans doute. Un peu de repos, et le problème semblait déjà réglé. Elle se dit, tout en se promettant de ne pas oublier, qu'elle attendrait le lendemain pour téléphoner au médecin.

Élisabeth se sentait même si bien que, dans un élan de courage, elle écrivit à Sylvain. Mais à peine avait-elle cliqué sur « envoyer » qu'elle regretta son message. C'était pourtant trop tard, elle ne pouvait plus rien faire pour rattraper son SMS et empêcher sa transmission.

Depuis qu'ils avaient cessé de se voir, elle était piégée dans une espèce de long tunnel cotonneux dont elle ne voyait pas la fin. À force, elle allait périr engloutie par l'ennui et le désespoir. Sauf si elle acceptait les évidences. Sauf si, pour la première fois de sa vie, elle prenait le risque de mettre en péril son existence bien rangée et terriblement monotone pour marcher résolument vers ses réelles aspirations.

Une fois le SMS validé, elle le relut d'innombrables fois, oscillant entre la certitude d'avoir fait ce qu'il fallait, et celle d'avoir commis une erreur. Elle disait à Sylvain qu'elle voulait lui parler. Juste une fois. Elle avait tant de choses à lui dire.

Il ne répondit pas tout de suite. Le soir s'installa et ce n'est que longtemps après le dîner, alors qu'elle commençait à regretter son initiative, qu'il proposa de la revoir. Lundi, pas avant. Il était occupé.

C'était presque cinq jours plus tard. Élisabeth fit taire sa déception comme elle put, et pria pour ne pas fléchir d'ici là.

Jeudi, Ritchie ne se rendit pas au collège. Incapable de comprendre les explications des professeurs, Maëva gardait les yeux rivés sur la place vide qu'il aurait dû occuper. Elle ignorait tout des raisons de son absence, et ça, ce n'était pas normal. Ritchie ne séchait presque jamais les cours. Il avait même essayé de la dissuader, au début, quand elle insistait pour l'emmener chez elle. Elle ne pouvait se défaire de l'intuition qu'il se passait quelque chose de grave.

C'est alors que son téléphone vibra dans sa poche arrière. Maëva sursauta, jeta un œil inquiet vers la prof d'espagnol qui s'agitait au tableau en articulant de manière exagérée. Elle profita d'un moment où l'enseignante s'était retournée pour le sortir de sa cachette, regarder la notification avant de le remettre promptement à sa place. C'était un message de Ritchie. Son nom s'affichait sur la barre de messages, mais elle n'eut pas le temps d'en lire le contenu. Son cœur se mit à battre vite et fort, lui coupant presque le souffle.

– Madame, dit-elle en levant la main. Je peux aller aux toilettes ?

– Ah… ah ! Ouh ! sembla lui répondre Maxence.

Mme Ortiz, une petite femme aux cheveux courts, énergique et teigneuse, cessa de parler au beau milieu d'une phrase et la toisa un long moment.

– Non, Maëva. Il faut savoir prendre ses précautions.

Comme elle avait un fort accent, on entendait *precaución*. Au début, les élèves s'en étaient amusés, mais Mme Ortiz était du genre à savoir comment leur faire passer l'envie de rire. Ils s'y étaient maintenant habitués, et cherchaient activement d'autres formes de *distracción*.

– Ah… rhâââ ! fit Maxence à l'autre bout de la salle de classe.

– Mais madame, insista Maëva, c'est vraiment très urgent. Je dois sortir.

– Maëva, vous m'avez interrompoue. Cé n'est pas possible. Taissez-vous tout dé souite.

Et elle reprit le cours sans plus lui accorder de regard. Maëva refusa de se résigner. Ritchie lui avait écrit. Elle *devait* savoir. Tout de suite. Sans se laisser démonter, elle leva à nouveau la main, mais en silence, cette fois. Mme Ortiz la fixa sans cesser de parler et l'ignora ostensiblement, avec un petit sourire sadique. Quelle salope ! se dit Maëva. Pourtant, elle resta muette, bras levé, index tendu, dans l'attente vaine de la clémence de l'enseignante.

Après cinq minutes, prise d'une crampe, elle se rendit à l'évidence : sa persévérance ne servirait à rien. Dans sa poche, le téléphone vibra de nouveau. Ritchie essayait de la joindre. Encore. C'était certainement urgent, elle devait le lire, lui répondre, et ce n'était pas cette connasse qui allait l'en empêcher.

– Putain ! lâcha-t-elle brusquement. Et elle se leva d'un coup.

Tous les regards se tournèrent vers elle.

– Ouh ! Ah ! cria Maxence, comme excité par l'agitation soudaine.

Elle se tenait debout maintenant et rangeait ses affaires, frémissante de colère.

– Maëva ? Qu'est-ce qué vous faites ? Asseyez-vous *imediatamente !*

– Je me casse, ouais ! répondit-elle en se dirigeant vers la porte.

Elle l'ouvrit, la claqua derrière elle et se mit à courir dès qu'elle fut dans le couloir. Arrivée aux toilettes, elle s'enferma et, à l'abri des regards, saisit son téléphone pour lire les messages de Ritchie. Il y en avait cinq.

Il fallait qu'il lui parle. Il avait un problème avec la préfecture. C'était grave. Il ne savait pas s'il pourrait revenir au collège. Les différents textos étaient hachés et confus. Qu'est-ce que c'était que cette histoire ? La préfecture ? Pourquoi ne reviendrait-il pas au collège ? Il devait passer le brevet dans quelques semaines seulement ! Et qu'est-ce que la préfecture avait à voir là-dedans ?

En réalité, elle savait à peine ce qu'était la préfecture. Pour Maëva, ce n'était rien qu'un grand bâtiment administratif orné d'un drapeau où elle avait accompagné ses parents, une fois, pour récupérer leurs papiers d'identité.

Elle lui demanda aussitôt plus de précisions. Pendant qu'elle pianotait sur son clavier, des pas se firent entendre.

– Maëva ? Maëva, tu es là ?

Merde, la CPE. Ça allait mal se passer pour elle, mais dans l'immédiat, cela ne l'inquiétait pas vraiment.

– Je suis aux toilettes ! répondit-elle derrière la porte. Je peux finir ?

– Je vais attendre ici que tu sortes, dans ce cas.

– Non, protesta Maëva. Ça me stresse trop de savoir que vous êtes là. Ça me… euh… ça me bloque, vous voyez ?

– Tant pis. J'attends ici, réaffirma Mme Melville.

La jeune fille se hâta de terminer le message, l'envoya, puis, à contrecœur, sortit des toilettes.

*

Quand on convoqua Ritchie chez le juge, il s'y rendit sans aucune inquiétude. Marguerite l'accompagna, comme toujours. Elle était beaucoup plus anxieuse que lui. Déjà, au moment où il avait été question de pratiquer les tests osseux, elle s'était alarmée. Ritchie l'avait entendue parler au téléphone avec des représentants d'associations diverses qui défendaient les gens comme lui, et son ton était presque éploré, ce qu'il jugeait très excessif.

Le jour des tests médicaux, tout s'était relativement bien passé. On l'avait interrogé sur son parcours, on l'avait mesuré, pesé et, plus gênant, on avait examiné ses parties génitales. Ritchie avait laissé faire en pensant à autre chose. Il se remémora la couleur du soleil couchant sur son village d'Afrique, comme souvent lorsqu'il lui fallait se concentrer sur une image agréable pour s'extraire d'une réalité qui l'était moins. Puis il avait passé une radiographie de la main gauche. Les médecins s'étaient montrés cordiaux et il était reparti, persuadé d'en avoir fini. Mais quelques semaines plus tard, dans le bureau du juge pour enfants, il s'était entendu dire qu'il avait volontairement menti sur son âge. Qu'il était adulte, et qu'il était déjà probablement majeur à son arrivée en France. Le ton suspicieux et réprobateur du juge ne laissait aucun doute sur ce qu'il pensait désormais de Ritchie : c'était un dissimulateur, un menteur, un escroc.

Évidemment, il avait nié. C'était absurde. Il avait treize ans quand il avait abandonné sa maison et laissé derrière lui son village et la tombe de son père. Depuis, sa mère était morte. Son petit frère aussi. Que pouvait-il leur dire d'autre ? Cela ne suffisait-il pas, comme souffrances endurées, il fallait qu'ils en rajoutent ?

D'une voix tremblante, Marguerite se mit à poser des questions dérangeantes : pourquoi n'avait-on pas fait ces tests deux ans auparavant ? Pourquoi maintenant, quand il devenait si difficile, voire impossible, de déterminer avec certitude si Ritchie, désormais âgé de seize ans, avait bien l'âge prétendu ou si au contraire, il avait atteint la majorité légale ?

Non seulement on ignora ses objections pleines de reproches, mais on la pria de sortir immédiatement du bureau. Puisque Ritchie était majeur, il pouvait répondre seul de sa situation administrative.

Dans le couloir, Marguerite se précipita pour contacter l'association qui l'avait si bien renseignée par le passé. « On vous met en relation avec un avocat », lui assura-t-on. Mais dans les jours qui suivirent, personne n'avait rien pu faire pour convaincre le juge, et Ritchie, devenu adulte de manière accélérée, avait été sommé de rassembler ses affaires, puisque le logement de Marguerite lui avait été attribué par l'Aide sociale à l'enfance, et de quitter le territoire français par ses propres moyens dans un délai d'un mois.

– C'est hors de question, avait-elle dit, glaciale, lorsque la décision leur avait été notifiée. Rayez-moi tout de suite de vos listes de merde. Je ne travaille plus pour l'ASE, terminé, et je garde Ritchie avec moi.

Elle était sortie du bureau sous la menace d'un outrage. Ritchie l'avait suivie, muet, et ils étaient restés silencieux, l'un et l'autre, dans la voiture qui les ramenait.

Marguerite s'était occupée de tout : le contact avec l'avocat, les démarches pour faire un recours, avec une énergie et une détermination peu communes. Plus elle se démenait, plus Ritchie se sentait vulnérable et impuissant, presque autant que lors de la tempête qui avait englouti sa famille au milieu de la Méditerranée.

Maëva avait bien remarqué son changement de comportement. Presque dès le premier jour. Elle s'était inquiétée de son air soucieux, mais il s'était muré dans le silence, affirmant que tout allait bien, et une distance s'était immiscée entre eux. Elle le pressait de questions, mais au lieu de la rassurer il se trouvait agacé par son interrogatoire permanent et s'éloignait davantage pour y échapper.

Les choses s'étaient récemment accélérées et aggravées. Non seulement il était toujours considéré comme majeur malgré les démarches entreprises pour suspendre l'application de l'ordre de quitter le territoire, mais il était également coupable, aux yeux des autorités, d'avoir fraudé et escroqué l'État en bénéficiant plusieurs années durant de l'Aide sociale à l'enfance. Ritchie était donc prié de quitter immédiatement la France.

– Mon Dieu, avait juste dit Marguerite.

C'était presque un murmure.

– Ils veulent me renvoyer ? s'affola le jeune homme. Non mais c'est pas vrai ! Ils veulent me renvoyer où ? Où ça ?

– Au Sénégal, je crois bien.

– Mais je n'ai plus personne ! Personne ! Qui va m'attendre là-bas ? Je vais aller où ?

Le silence de Marguerite avait été la plus terrible des réponses. Alors Ritchie s'était affaissé lentement et, une fois échoué sur le sol, il avait replié ses genoux contre lui, les avait entourés de ses bras et, la tête entre ses mains, en position fœtale, il s'était mis à pleurer doucement.

Plus tard, il avait écrit à Maëva, qui avait reçu ses messages en plein cours d'espagnol.

– Tu te fous de nous, Maëva ! Tu étais censée te tenir à carreau depuis le conseil de discipline. Tu es en sursis, merde ! En sursis, tu sais ce que cela veut dire ? Et toi, qu'est-ce que tu fais ? Tu te montres insolente avec ta prof et tu quittes les cours sans autorisation ! Non mais qu'est-ce qui ne va pas, chez toi ?

Stéphane hurlait, hors de lui. Maëva n'avait pas la force de s'opposer, ni même simplement de répondre. Elle se contentait de pleurer en attendant que l'orage passe.

– On va t'inscrire dans une école privée, en pension, même ! Oui, voilà, c'est exactement ce qu'on va faire ! dit-il en se tournant vers Élisabeth pour obtenir son approbation, on va la mettre dans un pensionnat privé !

Élisabeth s'approcha de son mari et, prudemment, posa une main sur son épaule.

– Stéphane, on pourrait peut-être… je crois que l'on devrait d'abord en parler tous les deux. Sans Maëva, ajouta-t-elle d'une voix plus basse, mais aussi plus ferme.

Stéphane se tut, regarda sa femme et comprit qu'elle ne lui accordait aucun soutien dans cette histoire. Depuis quand était-elle devenue laxiste ? Agacé, il se dégagea d'un geste brusque, tourna le dos et claqua la porte en sortant.

Maëva pleurait toujours. D'une voix douce, presque dans un chuchotement, Élisabeth lui demanda :

– Maëva, qu'est-ce qui ne va pas ?

La question suffit à intensifier les larmes de l'adolescente. Élisabeth s'assit à côté d'elle et, sans plus rien dire, lui prit la main et attendit.

Après de longues minutes, Stéphane n'était toujours pas revenu. Maëva se mit à hoqueter, renifler, puis elle se moucha bruyamment. Quand elle retrouva un peu de calme, elle raconta tout à sa mère. Ritchie qui était devenu bizarre. Et ses messages encore plus étranges, qui parlaient de papiers et de préfecture. Elle ne comprenait manifestement pas ce que tout cela impliquait, ou refusait d'en saisir les enjeux, mais le visage d'Élisabeth blêmit sans qu'aucun mot de réconfort sorte de sa bouche.

– Maëva, articula-t-elle finalement. Oh, Maëva…

Puis elle ajouta, sans aucune conviction : « Ça va aller, tu verras ».

Maëva regarda sa mère et se blottit contre elle.

– Merci, maman.

Élisabeth ne répondit pas et se contenta de lui déposer un baiser sur le front et de la serrer très fort.

*

Stéphane faisait les cent pas dans le jardin en se retenant de ne pas crier et de ne pas casser quelque chose qu'il regretterait ensuite.

Toute sa vie était un naufrage. Il ne contrôlait rien. Rien. Rien. Pour chaque rien, il donna un grand coup de tête contre le tronc du cerisier du Japon jusqu'à ce qu'il sente une tiédeur sur son visage. Il porta la main à son front, découvrit du sang sur ses doigts et se mit à rire, incrédule. Ses ricanements se transformèrent bien vite en pleurs, et l'impuissance même de ses larmes intensifia sa colère. Il se dirigea vers l'atelier, en titubant sous l'effet des coups à la tête.

C'était ça, sa vie. Sa pauvre existence. De la morve et des pleurnicheries. Il n'était qu'un mec sans couilles, un mari inconstant qui passait de la certitude d'être amoureux de sa femme à celle de ne plus l'aimer depuis des années, sans jamais prendre aucune décision concrète. Un lâche. Il se sentait minable, malheureux, inutile et terrifié par la violence qui explosait en lui. De rage, il écrasa son poing contre le mur de la dépendance. Les os de ses doigts émirent un craquement inquiétant, et une douleur fulgurante le traversa, depuis la main jusqu'à l'épaule. La souffrance lui arracha un rictus dans lequel s'était glissée une étrange et malsaine satisfaction. Puis il se laissa tomber à terre, s'assit sur l'herbe humide et resta de longues minutes dans l'obscurité à ruminer, caressant de son autre main ses doigts endoloris, sans même penser à essuyer le filet de sang qui avait commencé à coaguler au-dessus de son sourcil.

Le week-end fut triste. Maëva refusait de quitter sa chambre, Stéphane ne parlait à personne. Élisabeth, oppressée par la lourde hostilité qui flottait dans l'air, se réfugia dans son atelier. Elle retrouva les dernières toiles barbouillées depuis des semaines. Elle les regarda l'une après l'autre, se demandant ce qu'elle pourrait bien y représenter. Le cerisier du Japon en pleine floraison ? Non, il avait depuis longtemps perdu toute sa parure rose, et elle peinait à s'en souvenir vraiment.

Elle saisit un pinceau, comme un défi à elle-même, attrapa une palette, la parsema de touches de couleurs claires, du blanc, du jaune, du pourpre, du marron, et elle se mit à peindre en évitant à tout prix de trop réfléchir.

Des heures s'écoulèrent sans qu'elle s'en rende compte. Elle variait les tons, trempait un pinceau dans l'eau, en prenait un autre, possédée par une fièvre créatrice inespérée, jusqu'à l'épuisement.

Plus tard, en lavant le matériel, elle se regarda dans le miroir accroché au-dessus de l'évier. Son visage terne était marqué par des signes de fatigue. Ou de vieillesse, pour être plus honnête. Malgré tout, elle eut la force de sourire à son reflet soucieux, comme pour reprendre confiance en elle.

En rentrant, elle trouva Stéphane installé sur la table du salon en train de pianoter sur son ordinateur portable. Elle s'arrêta devant lui. Il leva à peine les yeux vers elle.

Elle ne lui avait posé aucune question sur la plaie qui barrait son front, ni sur sa main gonflée.

Comme il ne semblait pas prêt à engager la conversation, Élisabeth s'assit en face de lui.

– Tu as parlé à Maëva ? demanda-t-elle.

Il cessa ce qu'il était en train de faire.

– Non, répondit-il, elle ne quitte pas sa chambre. Je ne crois même pas qu'elle ait pris le temps de déjeuner. Et toi, tu lui as parlé ?

– Oui, bien sûr. Hier soir. Elle n'allait pas bien du tout.

Stéphane resta silencieux, mais il fulminait. Et lui, il allait bien, peut-être ? Qu'est-ce qu'elles croyaient, toutes les deux ? Et voilà qu'elles se liguaient contre lui !

– Tu ne veux pas savoir pour quelle raison ta fille est malheureuse ? insista Élisabeth.

– Parce qu'elle a un père très sévère ? ironisa-t-il. Mais son trait d'humour sarcastique tomba à l'eau. Élisabeth ne s'en amusa pas du tout.

– Stéphane, ce garçon, ce Ritchie que tu détestes tant, tu sais ? Il a des ennuis.

Il se retint de bondir, mais il ne put contenir toute sa fureur.

– Tu es en train de me dire que tout ça, c'est encore à cause de ce type ? Putain de merde, quand est-ce qu'ils vont se décider à expulser ce connard de profiteur ?

S'il n'avait pas eu si mal à la main, il aurait volontiers ponctué sa remarque d'un coup de poing sur la table.

Élisabeth tiqua. Qu'avait dit Stéphane ? Avait-elle bien entendu ?

– Qu'est-ce que tu veux dire ? demanda-t-elle.

– C'est un escroc, ce type ! Il doit approcher des trente ans. Et notre fille est totalement sous son emprise. Pourquoi il faudrait que je supporte ça, chez moi, dans ma maison, dans mon pays ! Qu'il dégage, lui et les autres comme lui ! Pourquoi tu sembles le défendre ? Qu'est-ce qui ne va pas chez toi ?

Elle blêmit.

– Eh bien, figure-toi que c'est justement ça, le problème. Ils veulent l'expulser, dit-elle froidement, ignorant l'attaque personnelle.

Elle n'évoqua pas les résultats présumés des tests osseux pour ne pas conforter son mari dans ses certitudes.

– Mais c'est une excellente nouvelle ! éructa-t-il. Enfin ! Ça fait des semaines que j'attends que la préfecture me recontacte à la suite du rendez-vous que j'ai obtenu…

Élisabeth manqua de s'étrangler. Elle avait l'impression que sa réalité venait de basculer.

– Stéphane ? De quel rendez-vous est-ce que tu parles ? Qu'est-ce que tu as fait ?

– Qu'est-ce que tu crois que j'ai fait ? Je suis allé au collège, où on m'a dit qu'on ne pouvait rien faire. Ce Ritchie est un élève soi-disant comme les autres, et ils n'ont aucun motif de le virer. Voilà ce qu'ils m'ont dit. Alors je suis allé à la préfecture. Franchement, qui peut croire que cet Africain sans papiers a l'âge qu'il prétend ? À la préfecture, on m'a assuré qu'on allait procéder à des vérifications. Et vu ce que tu viens de me dire, il faut croire que j'avais raison, annonça-t-il d'un ton victorieux, entrecoupant ses mots de petits ricanements euphoriques.

La boule au ventre revint. Elle ne pouvait pas croire à ce que son mari était en train de dire. Il avait dénoncé un gosse à la préfecture ? Un gamin qui avait risqué sa vie pour venir en France ? Qui allait à l'école ? Dont leur fille était amoureuse ?

Elle lutta pour ne pas vomir. Puis elle mobilisa toute l'assurance qui lui restait, plongea les yeux dans ceux de son mari et, sans ciller, elle lui annonça d'une voix glaciale :

– Je veux divorcer. Et ensuite, je ne veux plus jamais te voir. Tu me dégoûtes.

À l'étage, sur la première marche des escaliers, Maëva se tenait, les yeux embués et la bouche entrouverte sous l'effet de la stupéfaction. Elle n'avait rien mangé de la journée, et la faim avait fini par la pousser hors de la chambre. Arrivée en haut de l'escalier, elle avait entendu que ses parents avaient une conversation animée. Elle ne distinguait pas tout, mais ce qu'elle perçut suffit à lui faire comprendre l'inimaginable : la vie de Ritchie allait être gâchée, elle-même risquait de ne jamais le revoir, et tout cela, c'était la faute de son propre père.

Stéphane quitta la maison le dimanche soir.

– Je te préviens, dit-il avant de franchir le seuil, je reviendrai. Je pars parce que tu me l'as demandé, et pour nous laisser le temps à tous de souffler et de récupérer des idées claires, mais c'est chez moi, ici.

Élisabeth détourna le regard, se contentant de tenir la porte grande ouverte devant lui. Maëva n'était même pas descendue pour dire au revoir à son père. La veille, elle avait juré à sa mère qu'elle voulait qu'il meure.

La porte se referma, et Stéphane se retrouva dehors, seul et rejeté, comme des années plus tôt, à l'époque de Carla. Si seulement, d'un claquement de doigts magique, un quelconque ange gardien avait pu lui permettre de remonter le temps. Il se souvint de cette période où il était écartelé entre la culpabilité d'abandonner sa famille et l'immense bonheur que lui procuraient les moments passés avec Carla. Ils étaient séparés, libres tous les deux, et n'avaient plus besoin de regarder leur montre ni d'égrener les minutes avant de retourner à leur existence officielle. Ce qu'il ressentait alors était insupportable, car il ne trouvait aucune solution : il ne pouvait ni se dédoubler ni se couper en deux. Il aurait tout donné pour explorer chacun des univers parallèles qui correspondaient aux deux choix possibles : rester avec Élisabeth, ou partir avec Carla. Aujourd'hui, il savait en partie sur quoi débouchait l'un d'eux : un échec. Son mariage avec Élisabeth avait été un fiasco. Il n'avait jamais réussi à retrouver le bonheur avec elle, et même s'il s'était persuadé qu'il suffisait de laisser faire le temps qui, toujours, panse les blessures et apporte la résignation nécessaire, cela n'était jamais arrivé. Dans l'illusion de multiples nouveaux départs, ils avaient traversé les années avec la souffrance pour unique lien, souffrance qu'ils s'infligeaient l'un à l'autre par le seul fait de rester ensemble.

Oui, il donnerait tout pour savoir ce qui se serait passé dans l'autre monde, celui que le renoncement avait enterré, s'il avait quitté Élisabeth quand Maëva était petite. C'était sa fille qui avait fait pencher la balance. Il ne pouvait pas l'imaginer grandir pleine de ressentiment à son égard. Mais s'il était parti, le résultat aurait-il été pire que ce qu'il était aujourd'hui ? Il vivait actuellement tout ce qu'il avait voulu éviter à l'époque : une fille qui le détestait et la solitude, comme celle qu'il ressentait ce soir. Quel gâchis, se dit-il, l'âme sombre, au moment de poser sa petite valise dans la chambre d'hôtel dont il venait de récupérer la clé.

*

En retrouvant Ritchie le lendemain matin, Maëva se jeta dans ses bras. Il la serra contre lui. Les élèves passèrent devant eux en les regardant de biais, tandis qu'ils restaient là, indifférents, jusqu'à ce qu'ils se fassent héler par la surveillante, à la grille, qui les avertissait qu'elle allait fermer.

Il faut que tu ailles voir l'assistante sociale, dit Maëva tandis qu'ils montaient en classe.

– Qu'est-ce qu'elle va bien pouvoir faire ? J'ai déjà un avocat.

– J'en sais rien, va la voir quand même, ça peut aider, non, si le collège te defend ?

– Ouais, peut-être, répondit-il en haussant les épaules.

Plus tard, au début du cours d'espagnol, Maëva fut contrainte de présenter ses plus plates excuses à Mme Ortiz. Pour le comportement qu'elle avait eu avec elle, Maëva avait écopé d'un blâme et de l'obligation d'exprimer son repentir. Cela lui coûtait, mais elle s'exécuta. L'enseignante hocha la tête, puis lui demanda de s'asseoir. Maëva obtempéra, tout en la traitant mentalement de vieille chouette hideuse.

Ritchie se tenait deux rangs devant elle. Elle ne cessait de le regarder, admirait ses belles épaules, étourdie rien qu'au souvenir du contact de sa peau sous ses doigts. Cette douce réminiscence se mêlait à l'angoisse de le perdre et à l'immense colère qu'elle ressentait lorsqu'elle réalisait qu'elle le devait à son père. Comment réagirait Ritchie s'il apprenait que c'était elle, indirectement, qui était à l'origine de son malheur ? Car s'il ne l'avait pas rencontrée, s'il avait choisi n'importe quelle autre des nombreuses filles qui lui tournaient autour, rien de tout cela ne serait arrivé. Pas de dénonciation à la préfecture, pas de tests osseux. C'était elle qui lui avait porté la poisse. Une fois qu'il l'aurait compris, comment pourrait-il encore avoir envie d'être son petit ami ?

À midi trente, ils allèrent ensemble frapper à la porte du bureau de l'assistante sociale, qui de toute évidence ne travaillait pas au collège ce jour-là. C'était fermé.

– On ira demain, ne t'en fais pas, dit Ritchie.

C'était lui qui essayait de rassurer Maëva. Elle dut lutter pour contenir son émotion.

– D'accord, fit-elle en lui serrant la main.

Il se tourna vers elle, et la gratifia du plus solaire de tous les sourires.

Au moment exact où le jeune couple cherchait de l'aide auprès de l'assistante sociale, Élisabeth se trouvait dans son atelier. Elle observait sa dernière toile avec une certaine satisfaction. Le tableau montrait le visage d'une jeune fille, plus expressif que n'importe quel autre des portraits qu'elle avait réalisés. Ce n'était pas tout à fait elle, mais quelque chose dans le regard faisait penser à Maëva. Elle avait une expression de légèreté qu'assombrissaient pourtant d'insaisissables tourments. Élisabeth avait su capturer toute la complexité de la transition entre l'insouciance enfantine et la gravité des adultes, qui caractérise le passage délicat de l'adolescence. Il fallait absolument qu'elle le montre à Sylvain. Leurs moments de partage et de complicité autour de la peinture lui manquaient. La suivrait-il jusqu'à l'atelier si elle le lui demandait ? Et au-delà de ça, accepterait-il de leur redonner une chance ?

Sylvain l'attendrait chez lui à quatorze heures. Maxence rentrait déjeuner tous les midis – le temps de cantine demeurait une épreuve pour lui. À cette heure-là, il serait déjà reparti. Élisabeth devait regagner la maison sans tarder pour se préparer. Elle voulait être la plus jolie possible.

Elle s'apprêtait à quitter l'atelier lorsqu'une affreuse douleur lui barra le ventre. Elle se conspua d'avoir omis de rappeler le médecin alors qu'elle devait le faire. Mais elle aurait également dû se soumettre aux examens médicaux prescrits, or les ordonnances se trouvaient toujours dans le premier tiroir de la commode du salon, telles qu'elle les avait déposées après la consultation. Et si elle avait quelque chose de sérieux ? Une tumeur, peut-être ?

Elle grimaça sous l'effet de l'élancement et souffla quand il s'estompa. Elle devrait vraiment se reprendre en main, dorénavant. Elle le ferait. Stéphane était parti, et elle se sentait libre, légère comme l'oiseau qu'elle avait peint au printemps, prête à s'envoler. Elle commencerait par vérifier que tout allait bien, se soignerait si ce n'était pas le cas, et tout irait pour le mieux.

Elle posa sa main sur la poignée de la porte de l'atelier pour sortir, mais une nausée terrible la plia en deux vers l'avant. Elle fut surprise par la violence des spasmes qui la secouèrent, se courba là où elle était, encore à l'intérieur, et subit, impuissante, les contractions de son estomac. Chaque haut-le-cœur était accompagné d'un bruit caverneux ainsi que d'une remontée de bile. Ce qui restait de son petit-déjeuner fut expulsé en gros jets incontrôlables et, quand ce fut fini, Élisabeth se découvrit pantelante, en proie à un affreux malaise. Il lui fallait, maintenant, trouver la force de tout nettoyer.

Elle regarda la pendule murale : treize heures. Plus qu'une heure avant de sonner chez Sylvain. Elle n'aurait jamais le temps.

Élisabeth ne se laissa pas décourager pour autant. Cette rencontre avec Sylvain était décisive. Il ne la croirait jamais, si elle la repoussait encore, en prétextant une quelconque maladie. Pourtant, elle s'était rarement sentie aussi mal. Soudain elle s'inquiéta : et si son état était vraiment sérieux ? Et si elle tombait, inconsciente, foudroyée par un accident vasculaire, une hémorragie interne, ou n'importe quoi d'autre qui la laisserait pour morte ?

Non, elle devait se ressaisir. La dernière chose dont elle avait besoin était de paniquer. Elle alla jusqu'à l'évier, attrapa le seau qu'elle gardait dans le débarras et entreprit de le remplir. Pendant que l'eau coulait, le déchirement revint, aigu, comme si une petite bombe nichée au-dessus de son pubis avait explosé et détruit ses entrailles. Elle gémit, presque en pleurs, cette fois. Elle allait mourir. Forcément. Sinon elle n'aurait pas si mal. Puis la douleur s'atténua un peu, à peine, et changea de nature. Maintenant, c'étaient ses intestins qui se tordaient, provoquant une envie impérieuse d'aller aux toilettes.

Oh mon Dieu je vais me faire dessus, se dit-elle, horrifiée. Jamais de sa vie elle n'avait eu l'impression de ne pas être capable de se retenir. Jusqu'à aujourd'hui. Il fallait qu'elle fasse. Tout de suite.

Elle abandonna ce qu'elle faisait et repartit vers la porte, en ayant malgré tout le réflexe de fermer le robinet. Elle enjamba le vomi et traversa le jardin aussi vite que possible, courbée comme une petite vieille, une main sur le ventre, l'autre sur les lombaires, en soufflant bruyamment à chaque pas.

À mi-chemin, elle fut contrainte de s'arrêter, en sueur, une pression insoutenable sur le bas-ventre. Un élancement aigu la foudroya encore, plus fort que les autres et la traversa tout entière, avant de prendre de la consistance et se propager à l'intérieur d'elle-même, comme si elle se substituait à ses organes, un à un. Des spasmes la secouèrent, ceux de l'estomac d'abord, qui s'agitait à nouveau de soubresauts sans plus rien trouver à expulser qu'un liquide blanchâtre, puis ce fut le tour des intestins, et elle sentit que tout son être se vidait, qu'elle n'était qu'un corps à la merci de ses orifices.

Elle rampa pour rejoindre la maison, le cœur affolé, et toujours cette épouvantable douleur qui, en revenant sitôt qu'elle s'estompait, semblait ne plus jamais devoir la quitter.

Enfin elle atteignit la porte d'entrée. Tomba à genoux avant d'avoir pu l'ouvrir. Se mit à pleurer. Je vais mourir je vais mourir je vais mourir. Elle ne pensait plus que ça, je vais mourir, mourir, mourir, et quand de nouveau une main invisible se mit à la broyer de l'intérieur, les mots rythmèrent les pulsations qu'elle sentait profondément en elle, je vais mourir, oh mon Dieu je vais mourir, mais qu'est-ce que j'ai, mon Dieu, mon Dieu.

Une fois la porte ouverte, Élisabeth fut incapable de la refermer. Heureusement, il y avait des toilettes au rez-de-chaussée, près du garage, dont ils se servaient rarement mais qui fonctionnaient correctement. Elle baissa son pantalon, arrachant un bouton dans sa hâte et se laissa choir sur les WC, sans pour autant ressentir de soulagement significatif. Elle posa un regard affligé sur sa culotte souillée d'excréments, mais n'eut pas le temps de s'appesantir, car déjà, cela recommençait, ses viscères étaient de nouveau écrasés, comprimés, compactés en une boule dure qui s'apprêtait à sortir. C'était ça, oui, elle allait tout expulser, son côlon, son foie et sa rate, et tout ce que son corps pouvait bien contenir d'autre, puis elle allait mourir là, exsangue, sans personne pour lui porter secours. Elle hurla comme une démente, à l'agonie, et de ce cri s'échappaient tous les appels à l'aide qu'elle n'avait pas lancés et tous les maux qu'elle avait cru pouvoir garder en elle éternellement.

Elle s'essuya le front du revers de la main. Elle avait le visage trempé de larmes et de transpiration, la gorge brûlée par les vomissements et les plaintes rauques, et elle était certaine de ne pas sortir vivante de cette minuscule pièce dont elle voyait pour la première fois tous les défauts, les murs craquelés, le plafond effrité sous l'effet de l'humidité, mais rien de cela n'avait plus la moindre importance car elle mourait en ce moment même, là, dans ce trou crasseux, le cul à l'air, souillée de merde et de vomi, elle mourait sans aucun doute, oh mon Dieu ça recommence, j'ai mal, j'ai si mal, je vais mourir, mourir, et elle ne savait plus si elle hurlait vraiment ou si c'était seulement le bruit de sa tête qui explosait, de son corps qui se disloquait. Je vais mourir, je vais mourir, je n'ai jamais eu aussi mal, mon Dieu, comment une telle chose peut-elle être possible ?

Alors, un liquide chaud coula entre ses jambes et descendit jusqu'à ses pieds, mouillant la culotte sale et le pantalon baissé. Puis le serrement revint dans son ventre. Sans réfléchir, elle donna un coup de pied dans la porte pour l'ouvrir en grand et obtenir ainsi plus d'espace, puis elle s'accroupit en poussant d'étranges rugissements, à la manière d'un fauve blessé. Elle se positionna à quatre pattes en levant les fesses le plus haut possible. Elle n'avait aucune idée de la raison pour laquelle elle faisait cela. Elle laissa échapper un grand râle, hurla encore, cette fois c'est vraiment la fin, voilà, c'est comme ça que ça se termine, mais que ça se termine vite tant qu'on y est, vite, vite, que je meure et que l'on en finisse, oh mon Dieu, mon Dieu, mon Dieu.

Élisabeth s'effondra en pleurant, le front sur le vieux carrelage froid, prête à renoncer, quand son vagin sembla sur le point d'expulser une chose dont elle était incapable de déterminer la nature.

Voilà, tout va sortir de moi et je ne serai plus qu'une enveloppe de chair vide, se dit-elle, presque soulagée à cette pensée. Elle accompagna la poussée avec son corps, alla chercher ses boyaux avec ses mains et elle les sentit effectivement, chauds et visqueux sur ses doigts. Elle poussa encore. Ça sortait en la déchirant. Elle ne criait plus, se contentant de grimacer dans un effrayant silence, persuadée qu'elle pouvait visualiser ses tissus se rompre. Ce serait bientôt fini. Quel être humain pourrait en supporter davantage ?

Dans un état second qu'elle n'identifiait plus comme appartenant ni au rêve, ni à la réalité – ou alors c'était une nouvelle dimension, celle de la mort –, elle saisit l'amas de chair qu'elle venait d'expulser et le regarda. Elle n'avait jamais rien vu de plus terrifiant. Face à elle, elle découvrit le visage de tous les malheurs, de tous les regrets qu'elle avait couvés. C'était la face rougeâtre d'un être qui levait vers elle de petites mains hideuses, poings fermés, et qui agitait une tête couverte de débris sanguinolents, comme s'il cherchait une proie à mordre. Puis la bouche s'ouvrit et un horrible miaulement s'en échappa, comme sorti tout droit de l'enfer. Élisabeth poussa un grand cri, un cri d'épouvante cette fois, et elle se mit à serrer le petit cou de la créature immonde, autant qu'elle put, jusqu'à ce qu'elle se taise, jusqu'à ce qu'elle cesse de bouger. Après quoi elle la jeta de toutes ses forces contre le mur, elle entendit un craquement et le corps tomba au sol, inerte, en laissant une trace sombre sur la peinture écaillée.

À quinze heures, lorsque la grille du collège s'ouvrit pour laisser partir ceux qui avaient terminé leur journée, Maëva et Ritchie furent parmi les premiers à sortir. Leur prof de maths, auquel on n'avait jamais connu d'absences, n'était pas là. Joie inespérée du lundi après-midi.

Ils avaient prévu une promenade au parc. La météo de la fin du mois de mai était clémente : il faisait beau, presque chaud et il flottait dans l'air comme un parfum de vacances. Ritchie et Maëva étaient soucieux, mais pas suffisamment pour ne pas apprécier l'heure de farniente au soleil qui leur était offerte.

Ils sortirent donc, avec leur gros sac, sans regarder réellement autour d'eux. On aurait pu croire qu'il s'agissait d'un jour comme les autres.

Deux policiers, une femme et un homme s'approchèrent d'eux. Leur voiture était stationnée un peu plus loin, bien en vue.

– Richard Mbengue ?

Ritchie eut à peine le temps de répondre par l'affirmative que, déjà, ils l'avaient entraîné à l'écart des élèves. Ceux-ci continuaient à quitter l'établissement, mais le flot avait ralenti. En voyant la police, ils cherchaient à comprendre ce qui se passait.

Maëva avait résolument suivi Ritchie malgré le geste sans équivoque de la femme flic, qui aurait préféré qu'elle reste à l'écart.

– Qu'est-ce que vous faites ? demanda-t-elle avec beaucoup d'agitation. Qu'est-ce que vous faites ? répéta-t-elle en criant, car on ne lui avait pas répondu.

– Reculez, mademoiselle.

– Mais non ! Dites-moi ce que vous faites ? Mais qu'est-ce qu'ils font, putain ! hurla-t-elle à la foule, en regardant autour d'elle, à la recherche d'un soutien.

Depuis la grille, le surveillant, pâle et soucieux, observait la scène. Puis il prit son téléphone et appela quelqu'un.

Le policier parlait à Ritchie d'une voix assez basse. Le jeune homme secoua la tête, il disait non tout en cherchant quelque chose dans la petite poche située à l'avant de son sac. Maëva se trouvait dans un état de sidération. Était-elle vraiment en train de vivre ce moment ?

– Arrêtez ! cria-t-elle encore.

Elle aperçut confusément Mme Melville qui traversait la cour, passait le portail, puis, dans la rue, celle-ci fendit le groupe d'élèves maintenant agglutinés pour ne rien perdre du spectacle. Elle se présenta à la police, Mme Melville, CPE, bonjour, et on lui répondit que l'OQTF, l'ordre de quitter le territoire français, était arrivé à expiration et qu'ils appliquaient les ordres du préfet. Tandis que son collègue donnait les explications, la femme avait sorti les menottes et, d'un geste rapide, les passa à Ritchie. Celui-ci chercha Maëva, et leurs regards se croisèrent. Celui de la jeune fille était troublé par les larmes. Elle fixait Ritchie autant qu'elle pouvait, soudain consciente que c'était peut-être la dernière image qu'elle garderait de lui : sa silhouette immense qui dépassait largement les deux policiers, les épaules recroquevillées, les mains attachées derrière le dos et, au fond des yeux, une détresse à laquelle se mêlaient la peur et la résignation. Ils se fixaient avec insistance, au milieu des élèves estomaqués, des riverains sortis de leur maison pour assister, eux aussi, à la scène, du chef d'établissement qui venait de rejoindre Mme Melville, ils se fixaient pour se rappeler tout ce qu'ils allaient perdre, pour vérifier la présence indélébile des sentiments qu'ils partageaient et se convaincre que, plus tard, même quand ils ne pourraient plus le voir, il y aurait toujours le reflet de leur amour dans les yeux de l'autre.

Puis on emmena Ritchie. Il baissa la tête au moment d'entrer dans la voiture de police, le véhicule démarra et disparut au coin de la rue.

*

Maëva courut jusque chez elle et elle arriva en nage, suffoquant sous l'effet de la course et des sanglots.

– Maman ! Maman ! appela-t-elle en tournant la clé dans la serrure.

Quand elle entra, elle cessa net de pleurer. Elle avait remarqué que la porte de derrière, celle qui donnait sur le jardin, était restée grande ouverte. Plus étonnant encore, elle voyait à travers la fenêtre que la porte de l'atelier l'était tout autant.

Elle avança d'un pas prudent, s'efforçant d'être la plus silencieuse possible. Elle n'aurait su dire pourquoi exactement.

Elle vit tout de suite les traces sur le sol. Des traînées bizarres, comme de la terre mais ça n'avait pas l'air d'être vraiment ça, et il y avait une odeur étrange, nauséabonde, très inhabituelle. Maëva continua à marcher. Au salon, tout semblait normal en apparence, à l'exception du sol sale. Au fond de la pièce, près de la buanderie, un gros tas de vêtements en boule avait été abandonné sur le sol. Jamais sa mère n'aurait laissé toutes les portes ouvertes, ni des habits par terre. Plus elle se rapprochait et plus cela sentait mauvais. Sa mère avait-elle vomi là, dans les vieilles toilettes dont personne ne se servait ? S'était-elle mise à rendre systématiquement ses repas, comme avant, maintenant que son père avait de nouveau quitté la maison ? Cela ne serait donc jamais réglé ? C'était trop, tout ça, Ritchie, ses parents, maintenant sa mère qui retombait dans l'anorexie, c'était au-delà de ce qu'elle pouvait supporter.

La lumière des toilettes était allumée. Pourtant, la petite pièce semblait vide.

– Maman ? appela-t-elle faiblement.

Personne ne répondit. Maëva faillit rebrousser chemin pour aller se terrer dans sa chambre et ne redescendre qu'une fois que tout serait remis en ordre. Mais elle ne le fit pas. Au lieu de cela elle s'avança et avant d'éteindre l'interrupteur, elle regarda à l'intérieur.

Le carrelage était maculé d'un liquide poisseux, déjà séché par endroits, parsemé de taches d'un rouge noirâtre. Et au pied du mur, totalement recouvert de ce liquide-là, il y avait un bébé mort.

POST-PARTUM

C'est Stéphane qui appela la police. Il avait reçu un coup de téléphone de Maëva, totalement paniquée. Elle tenait des propos incohérents où il était question, entre deux sanglots, de vomi et de bébé ensanglanté. Très inquiet quant à l'état psychologique de sa fille, il avait quitté le bureau dans la minute, avait sauté dans un taxi pour découvrir à son tour le cadavre de l'enfant.

En attendant les secours et les autorités, ils cherchèrent Élisabeth, qui ne s'était pas manifestée. Ils la trouvèrent à l'étage, plongée dans un bain dont l'eau avait refroidi, le visage sans expression.

En apercevant Stéphane, elle n'eut pas davantage de réaction. Elle ne s'étonna même pas de le voir là après l'avoir chassé de la maison la veille.

– Élisabeth, dit-il. Qu'est-ce qui s'est passé ici ?

Elle resta impassible et silencieuse. Il s'apprêtait à répéter la question quand elle tourna le regard vers lui et dit, d'un ton d'excuse :

– J'ai eu… un souci. Mais ça va mieux maintenant. Il faut juste… que je redescende… pour nettoyer…

Ce fut tout ce qu'elle dit : elle n'avait pas eu le temps de *nettoyer*.

Puis la police et les pompiers investirent les lieux, et ensuite ce fut le tour des voisins, des curieux, des journalistes avec leurs caméras. Tout le monde se pressait devant cette maison si banale, où s'était déroulé un drame inimaginable. On la photographiait, on la filmait, on interrogeait tous ceux qui voulaient bien parler, même quand ils n'avaient rien à dire.

« On les connaissait peu, vous savez », dirent les habitants du quartier. « Non, elle n'avait pas l'air enceinte », affirmèrent certains d'entre eux, qui savaient à peine qui était Élisabeth.

« C'est parce qu'elle ne l'était pas, jura Stéphane. Je l'aurais su, sinon. » Mais les tests pratiqués sur le nourrisson établirent sans l'ombre d'un doute qu'Élisabeth était bien la mère de l'enfant, et Stéphane, son père.

– Et vous n'avez rien remarqué du tout ?

Accablé par la nouvelle, il secouait la tête avec obstination en répétant :

– Non, rien. Rien du tout. Ce n'est pas possible… Ça ne *peut pas* être possible…

Sous chaque article de journal publié en ligne, sur tous les réseaux sociaux, on lisait pléthore de commentaires hargneux. Il fallait rétablir la peine de mort, stériliser Élisabeth de force, lui arracher l'utérus, l'étrangler avec, lui faire bouffer ses ovaires. Si ce n'est pas malheureux, d'un côté toutes ces femmes qui ne peuvent pas avoir d'enfants mais qui seraient prêtes à les aimer, et de l'autre ces monstres qui mettent bas pour ensuite assassiner le bébé à la naissance ! Non, vraiment, quelle tristesse, quelle abomination !

Au mois de juin, Maëva retourna une seule fois au collège. Tout le monde la regardait bizarrement, et on l'assaillit de questions, partout, dans la cour, dans les couloirs.

– Tu te rends compte ? lui dit une camarade de classe avec un petit rictus horrifié. Tu as de la chance qu'elle ne t'ait pas tuée, toi aussi. En fait, cela aurait pu être toi.

Cela aurait pu être toi. Dès lors qu'elle l'entendit, cette phrase ne lui sortit plus de la tête.

« C'est une bonne mère, dit-elle pourtant à la police. Elle s'est toujours bien occupée de moi. »

Elle l'affirma mille fois : elle non plus n'avait rien remarqué.

Évidemment, la police ne tarda pas à établir un lien entre Élisabeth et Sylvain. On interrogea l'amant. Elle était déjà enceinte quand ils s'étaient rencontrés. Comment avait-il pu ne pas remarquer sa grossesse ? Sylvain était incapable de l'expliquer. Il se revoyait, couché avec Élisabeth, ses doigts avaient parcouru son corps, son ventre et rien, jamais, ne lui avait permis d'imaginer une chose pareille.

Au fil de l'enquête, un premier article évoqua Ritchie. La presse s'empressa de révéler l'incroyable scoop : le mari de la femme infanticide dénonçait à la préfecture les migrants sans papiers. Après avoir été vu comme un possible complice, puis une sorte de victime, voilà qu'il était considéré par l'opinion publique comme la dernière des ordures, un facho, un collabo, même. Il ne valait pas mieux que sa femme. Pendant que l'une tuait des bébés, l'autre s'en prenait à de jeunes Africains.

On interrogea Marguerite, qui profita de cette tribune inespérée pour sensibiliser les gens à la cause de Ritchie. Et cela fonctionna : la foule se mobilisa, signa des pétitions, des marches solidaires. Puisqu'on n'avait rien pu faire pour le pauvre nouveau-né étranglé, on allait sauver cet autre innocent, qui avait été la cible, lui aussi, de la même monstrueuse famille et, plus largement, de l'égoïsme des hommes, aveugles et indifférents à ce qui les entoure. Les associations en profitèrent pour dénoncer l'aberration scientifique que représentait l'utilisation des tests osseux et, soudain dépassées par l'ampleur du scandale, les autorités accordèrent à Ritchie le bénéfice du doute quant à son âge réel. Il put ainsi sortir du centre de rétention où il avait été placé après son interpellation et, le temps que l'affaire se tasse du moins, se trouva à l'abri d'un nouvel ordre d'expulsion.

Plus tard, alors que déjà, on commençait à moins parler de cette affaire et que le quartier retrouvait peu à peu sa quiétude, un journaliste révéla que Sylvain, l'amant, avait un fils handicapé qui – incroyable ! – avait précisément été harcelé par Maëva, la fille du couple. Voilà qui complétait magnifiquement le sinistre tableau familial.

Stéphane et Maëva, contraints de fuir l'acharnement médiatique, finirent par abandonner la maison où ils étaient, de toute façon, bien incapables de continuer à vivre.

Une fois que Stéphane eut signé les documents, il fit comprendre à sa fille qu'il préférait l'attendre. Ils s'étaient rendus ensemble à la prison, mais c'était encore trop difficile pour lui de voir sa femme, lui parler, affronter le secret qu'ils avaient étouffé, neuf mois durant. *Les secrets*, en réalité. Car entre le souvenir obsédant de Carla, la relation qu'Élisabeth entretenait avec Sylvain, aucun d'eux n'avait été en mesure d'ouvrir les yeux sur leur réalité commune.

Déni de grossesse. C'est ce qu'allait plaider l'avocat. Le dossier était solide. Personne n'avait rien su de la grossesse. Ni le mari, ni l'amant, ni la fille. Ni même le médecin qui avait pourtant examiné la suspecte quelques semaines seulement avant son accouchement. Lui-même avait affirmé que, si une pareille expérience ne lui était pas arrivée, à lui, personnellement, il ne l'aurait pas crue possible. Il était médecin, tout de même !

Mais qui pouvait imaginer que la principale intéressée n'avait rien perçu, jamais, des modifications de son propre corps ? L'enfant était né à terme, en bonne santé, et elle l'avait tué de ses propres mains.

Maëva entra. On referma la lourde grille derrière elle, elle passa une autre porte, puis un sas, et enfin elle put patienter dans une petite pièce où l'on avait disposé des fauteuils et une table basse.

Depuis des mois, elle s'était beaucoup renseignée sur le déni de grossesse. Elle avait lu un grand nombre d'ouvrages et de publications, y compris des articles parus dans des revues scientifiques. Quand le bébé n'est pas attendu, le corps s'accorde avec l'esprit pour nier l'existence de l'enfant à naître. Celui-ci grandit dans la plus totale clandestinité. Le ventre reste plat. Dans le cas d'Élisabeth, il y avait des années que Stéphane et elle faisaient semblant. Rien de plus naturel, pour eux, de voir uniquement l'univers factice qu'ils s'étaient fabriqué, et d'ignorer le reste.

Pendant ce temps, parce qu'ils n'ont de place nulle part, les petits clandestins innocents meurent, sans que personne voie rien.

Élisabeth rejoignit sa fille, encadrée par deux policiers qui lui ôtèrent ses menottes, lui annoncèrent le laps de temps dont elle disposait, avant de se positionner, raides comme des piquets, de l'autre côté de la lourde porte vitrée.

Élisabeth peinait à regarder Maëva. Elles ne s'étaient pas souvent parlé depuis le drame. Elle lui demanda tout de même comment elle allait, Maëva lâcha un « très bien », et elles se turent. L'adolescente eut l'impression d'entendre l'écho de son « très bien » dans le silence auquel répondait, dans sa tête, la phrase qu'elle se répétait en boucle depuis des mois : *cela aurait pu être toi*.

– Je serai là, demain, tu sais, finit par dire Maëva.

Ce serait le premier jour du procès.

– Je n'ai jamais rien su, tu me crois n'est-ce pas ? Je n'ai pas compris… ce qui m'arrivait… Pas compris que c'était un bébé.

Et elle éclata en sanglots.

Maëva pensa à tout ce qu'elle avait perdu : son père, en qui elle n'aurait plus jamais confiance, sa mère, évidemment, et ce petit frère inespéré dont l'image continuerait longtemps de la hanter. Sans oublier Ritchie, qu'elle n'avait pas revu et n'aurait probablement pas la force de revoir.

Elle inspira profondément et fit taire l'immense chagrin qui lui barrait la poitrine puis, d'un geste doux et rassurant, elle prit la main de sa mère dans la sienne.

– Je sais, maman. Personne n'a rien vu.

Élisabeth l'étreignit.

Quand elle sortit de la prison, il pleuvait. Maëva leva le visage vers le ciel et, les paupières closes, elle laissa quelques instants les gouttes ruisseler dessus. Puis elle rouvrit les yeux, regarda droit devant elle et se mit à marcher d'un pas résolu.

ILS ONT COLLABORÉ À CE LIVRE :

PIERRE FOURNIAUD
DIRECTION ÉDITORIALE ET COORDINATION

ÉDITH NOUBLANCHE
ÉDITION ET RELECTURE

ANNE JAILLET
CORRECTION

BRUNO RINGEVAL
COMPOSITION

DONATA JANSONAITE J
IMPRESSION

MARIE-ANNE LACOMA
SUIVI COMMERCIAL ET PROMOTIONNEL

AGENCE TRAMES
RELATION PRESSE ET CESSION DE DROITS

LES ÉQUIPES DU CDE ET DE LA SODIS
DIFFUSION ET DISTRIBUTION

LES LIBRAIRES
COMMERCIALISATION ET PROMOTION

DÉPÔT LÉGAL : JANVIER 2021
IMPRIMÉ EN UE